ROUTE NATIONALE

D1550048

2

| L. Briggs | B. Goodman-Stephens | P. Rogers |

Nelson

...rez-de-chaussée... c'est Monsieur Bénin, le vieux concierge, qui... c'est Mon...

Thomas Nelson and Sons Ltd
Nelson House, Mayfield Road
Walton-on-Thames, Surrey
KT12 5PL, UK

58 Albany Street
Edinburgh
EH1 3QR, UK

Thomas Nelson
(Hong Kong) Ltd
Toppan Building 10/F
22A Westlands Road
Quarry Bay, Hong Kong

Thomas Nelson Australia
102 Dodds Street
South Melbourne
Victoria 3205, Australia

Nelson Canada
21120 Birchmount Road
Scarborough, Ontario
M1K 5G4, Canada

© Lawrence Briggs, Bryan
Goodman-Stephens and
Paul Rogers 1993

First published by
Thomas Nelson and Sons Ltd
1993

ISBN 0-17-439505-1
NPN 987654

All rights reserved. No
paragraph of this publication
may be reproduced, copied or
transmitted save with written
permission or in accordance with
the provisions of the Copyright,
Design and Patents Act 1988, or
under the terms of any licence
permitting limited copying
issued by the Copyright
Licensing Agency,
90 Tottenham Court Road,
London W1P 9HE.

Any person who does any
unauthorised act in relation to
this publication may be liable to
criminal prosecution and civil
claims for damages.

Printed in Hong Kong.

Acknowledgements

The authors and publishers
would like to thank the
following for their help in
providing authentic materials,
interviews, opinion polls and
advice:

France:
Aérocity, Aubenas; Anne
Bancilhon, Reims; Danièle
Beauregard, Reims; Gérard
Bony, Perpignan; Canal Plus,
Paris; CenterParcs, Paris; Léon
Daul, Strasbourg; France 2, Paris;
France 3, Paris; Jean Feydel,
Paris; Jean Gaudiche, Orsay;
Laurence Gaudiche, Orsay;
Pierre Gauthier, Essonne; Eleri
Hayes, Hazebrouck; M6, Paris;
Marie-France Hergott, Essonne;
Monique Lévy, Essonne; Michèle
Lizaga, Reims; La famille Luc,
Blaye; OK Corral, Cuges-les-Pins;
Okapi, Bayard Presse, 1991,
Paris; Adrian Park, Reims;
Pierrick Picot, Angers; Emma
Rogers, Cordes; La Société
Lyonnaise de Transports en
Commun, Lyon; TF1, Boulogne;
Danielle Tragin, Essonne; Jean-
Claude and Isabelle Villin,
Essonne.

Other countries:
Abdul Adady, England; Hartmut
Aufderstrasse, Luxembourg;
Roger Bailess, England; André
Bailleul, Guinea; Pierrette
Berthold, Quebec; Margaret
Briggs, England; Marie-France
Casbon, England; M. Colombini,
Conseiller Culturel, Guadeloupe;
H Cronel, Cameroun; Les
Débrouillards, 1989, 1992.
Adapté avec la permission de
l'Agence Science-Presse,
Quebec; Pierre Faugère, Togo;
Alan Frith, England; Eric Garner,
England; Pamela Goodman-
Stephens, England; R Guilleneuf,
Benin; Derek Hewett, England;
Bernadette Holmes, England;
Marine Huchet, England; Alex
Hume, England; Inspecteur
d'Académie, Corsica; Richard
Johnstone, Scotland; Cathy Knill,
England; Jean-Luc Lebras, Ivory
Coast; Carol McDonald, England;
Michel Morand, Togo; Gérard
Noyau, England; John Pearson,
England; Dr R C Powell, England;
Leila Rabet, Algeria; François
Rouget, Jersey; Sheila Rowell,
England; Mary Ryan, England;
Henri Scepi, Jersey; Gretel and F
Scott, England; Margaret
Tumber, England; M Vanini,
Jersey; Pamela Walker, England;
Jane Willis, England; Christine
Wilson, England.

Also students and teachers from
the following establishments:

France:
Chloë le Notre, Collège Camus,
Neuville-les-Dieppe (especially
Jeanine Godeau); Collège de
Cordes, Tarn; Collège Marc
Seignobos, Chabeuil; Institut
Notre Dame, La Flèche
(especially Philippe and Chantal
Heuland); Lycée Bellevue, Albi;
Lycé Camille Vernet, Valence.

Other countries:
Centre des Arts, Guadeloupe;
Collège Béninois, Benin; Collège
Général de Gaulle, Guadeloupe;
Collège Jean Mermoz, Ivory
Coast; Collège de Lucciana,
Corsica; Collège Saint Esprit,
Senegal; Collège Saint Michel,
Senegal; Collège Trois Sapins,
Switzerland; Collège du Vieux
Lycée, Corsica; Ecole
Fondamentale Montagne 1,
Algeria; Ecole Française, Congo;
Ecole de Lome, Togo; Lycée
Français, Cameroun; Lycée
Français, Guinee; Lycée Français,
England; Polyvalente Deux
Montagnes, Quebec; Polyvalente
Saint Eustache, Quebec.

Songs

Lyrics by Paul Rogers. Melody
'Dans notre immeuble' and 'Mes
vieilles baskets' by Paul Rogers.
Melody 'Plainte de l'élève' by
Patrick Wood based on a theme
by Paul Rogers.

Illustrations

Alphonse et … cartoon: words
by Paul Rogers and art by
Jacques Sandron. Astérix
reproduced with permission of
© Les Editions Albert
René/Goscinny – Uderzo.

Alan Adler; Gillian Austin; Liam
Bonney; Christophe Caron;
Isabelle Carrier; Sarah Colgate;
Eiméar Crawford; Jean-Philippe
Delhomme; Nathalie Dieterlé;
Jane Dodds; Sue Faulks; Helena
Greene; Charlotte Hard; Stephen
Holmes; Helen Holroyd; Louise
Jackson; Graham Jones; Kevin
Jones Associates; Lotty; Camille
Ladousse; Cathy Morley; Jude
Payne; Michel Raby; Philip la
Roche; Rachel Ross; Nick
Sharratt; Tony Simpson; Sarah
Symonds; Dennis Tinkler; Julie
Tolliday; Andrew Whiteley;
Emma Whiting; Jude Wisdom;
Rosemary Woods.

Photographs

Action Plus: p.50; Aspect Picture
Library: p.15; Barnabys Picture
Library: p.79; Bridgeman Art
Library: p.81 (2); Britstock-IFA:
p.127; Stuart Boreham
Photography: pp.40 (2), 55, 85,
106, 120; Camera Press: p.127;
J Allan Cash: pp.11 (3), 16, 17,
71; CenterParc: p.75; Colorsport:
pp.40, 82 (2), 90 (4); Lupe
Cunha: p.85; Robert Harding:
pp.6, 8, 18, 26, 71, 79, 110;
Hulton-Deutsch: p.81; Greg
Evans: p.79; Image Bank: p.110;
International Stock Exchange:
pp.6, 15; Brian Lee Photography:
pp.7, 8, 10, 15 (2), 19, 22, 26, 27
(2), 32, 52, 66, 67, 72, 87, 88, 99
(2), 102, 110, 120, 121, 124, 126,
127, 132; Life File: p.128;
National Motor Museum: p.121
(2); Nelsons: pp.5 (3), 8 (2), 12
(2), 16 (4), 20 (4), 31 (4), 70 (4),
79, 81; Chris Ridgers: pp.127 (2);
Paul Rogers: pp.5 (2), 7, 8, 12
(2), 16 (5) 17 (2), 19 (2), 22 (2),
23 (4), 26 (2), 29 (5), 30 (3), 31,
34, 38 (4), 40, 41 (3), 45, 48, 50,
53 (3), 58, 59, 60, 61, 62, 64, 82
(7), 85, 86, 87, 90, 92, 93, 96, 102,
103, 104, 107, 108 (3), 114, 115,
119, 122, 123, 129; Russia &
Republics Photolibrary: p.128
(2); Shell: p.121; David Simson:
pp.19 (2), 31, 33 (4), 34, 36, 37,
42, 43, 47, 53, 56, 58, 70 (4), 72,
73, 74, 79, 90, 96, 99, 111, 125;
Frank Spooner: p.55; Sygma:
p.55; John Topham Photolibrary:
pp.55, 120; Zefa Picture Library:
pp.7 (2), 81.

Every effort has been made to
trace all copyright holders, but
the publishers will be pleased to
make the necessary
arrangements if there have been
any omissions.

ROUTE NATIONALE — ON AVANCE!

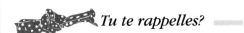 *Tu te rappelles?*

D'abord, tu roules avec ton professeur.

Puis c'est à toi de décider. A la fin de chaque chapitre tu trouves  où tu as

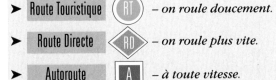

le choix:
- ➤ Route Touristique (RT) — *on roule doucement.*
- ➤ Route Directe (RD) — *on roule plus vite.*
- ➤ Autoroute (A) — *à toute vitesse.*

Et pour les solutions?

Facile – demande à ton professeur. *Ça roule bien?* Remplis ton

Permis de conduire. N'oublie pas le vocabulaire

et **Le code de la route**

Quoi de neuf! *Vu et lu* textes et projets intéressants.

Bon Courage et bonne route!

CONTENTS PAGE

1 CHEZ MOI — 4

1	Parler d'où se trouvent des villes et des villages	Saying where towns and villages are
2	Décrire ta ville ou ton village	Describing your town or village
3	Parler de ta ville idéale	Talking about your ideal town

2 A LA MAISON — 16

1	Parler de ta maison ou de ton appartement	Talking about your house or flat
2	Donner et comprendre les adresses	Giving and understanding addresses
3	Parler des pièces chez toi	Talking about the rooms in your home

Vu et lu: Le bidonville: village recyclé — 28

3 RENDEZ-VOUS PARIS — 30

1	Parler des passe-temps	Talking about pastimes
2	Faire un voyage	Making a journey
3	Parler à une famille française	Talking to a French family

4 EN FAMILLE — 42

1	Présenter ta maison ou ton appartement	Showing someone around your home
2	Dire comment on aide à la maison	Saying what you do to help around the house
3	Parler de la télévision	Talking about television

Vu et lu: En fait – si on faisait la fête — 54

5 J'AI COURS — 56

1	Parler de ta routine matinale	Saying what you do every morning
2	Parler de l'école et des matières	Talking about school and subjects
3	Parler de tes matières préférées et des professeurs	Talking about your favourite subjects & teachers

Vu et lu: Vétérinaire au zoo — 68

6 PROMENADES — 70

1	Parler d'un séjour	Talking about a visit
2	Préparer pour un départ	Getting ready to go away
3	Parler d'un week-end dans un village de vacances	Talking about a weekend in a holiday village

Vu et lu: Alphonse présente ... l'histoire de la France — 80

7	AU CLUB		82
1	Dire de quel club tu fais partie	Saying what clubs you belong to	
2	Dire ce qu'on fait au club	Saying what you do in your club	
3	Discuter les activités	Discussing activities	

Vu et lu: Les jeunes et la forme — **94**

8	ÇA NE VA PAS?		96
1	Parler des maladies	Talking about illness	
2	Parler d'objets perdus	Talking about lost property	
3	Comprendre et commiquer avec les gens	Understanding and communicating with people	

9	ON Y VA?		108
1	Parler avec tes amis	Talking with your friends	
2	Parler de vêtements	Talking about clothes	
3	Prendre le métro et demander où se trouve un lieu	Travelling by metro and asking the way	

Vu et lu: Le calendrier des inventions — **120**

10	BON RETOUR		122
1	Acheter des cadeaux	Buying presents	
2	Parler de ton séjour et dire au revoir	Talking about your stay and saying goodbye	
3	Ecrire une lettre pour dire merci	Writing a thankyou letter	

Le code de la route	134
Entrée libre instructions	147
Vocabulaire français — anglais	149
Vocabulaire anglais — français	155

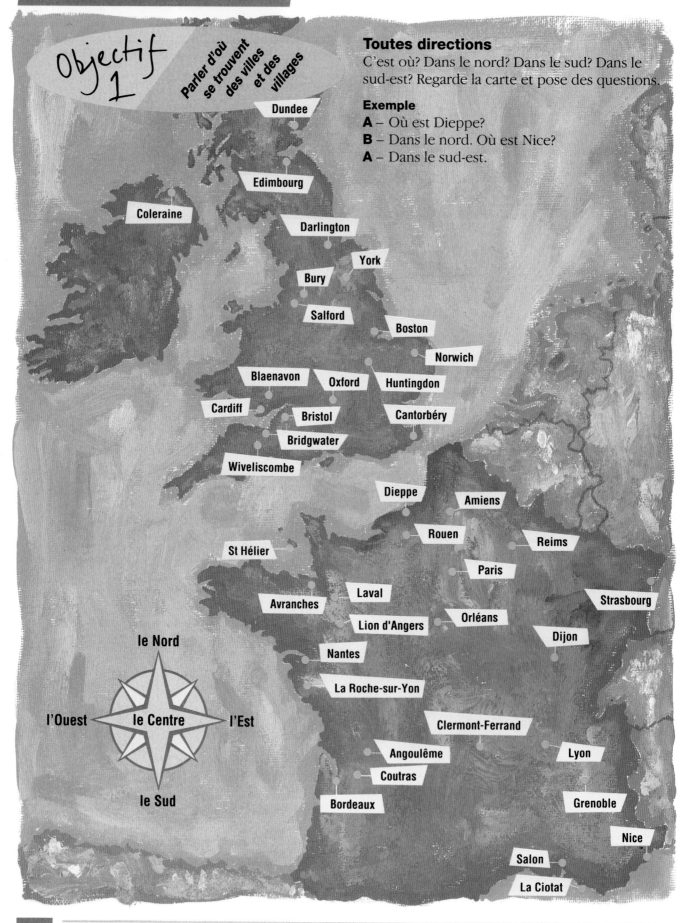

Objectif 1

Parler d'où se trouvent des villes et des villages

Toutes directions

C'est où? Dans le nord? Dans le sud? Dans le sud-est? Regarde la carte et pose des questions.

Exemple
A – Où est Dieppe?
B – Dans le nord. Où est Nice?
A – Dans le sud-est.

Dundee

Edimbourg

Coleraine

Darlington

York

Bury

Salford

Boston

Norwich

Blaenavon

Oxford

Huntingdon

Cardiff

Bristol

Cantorbéry

Bridgwater

Wiveliscombe

Dieppe

Amiens

Rouen

Reims

St Hélier

Paris

Avranches

Laval

Strasbourg

Lion d'Angers

Orléans

Dijon

le Nord

Nantes

l'Ouest   le Centre   l'Est

La Roche-sur-Yon

Clermont-Ferrand

Angoulême

Lyon

le Sud

Coutras

Bordeaux

Grenoble

Nice

Salon

La Ciotat

Je pense à une ville

Travaille avec ton/ta partenaire: regarde la carte en face, choisis une ville et pose ou réponds à des questions pour trouver le nom de la ville choisie.

Exemple
A – J'ai choisi une ville.
B – C'est dans le sud?
A – Non.
B – C'est dans le nord?
A – Oui, c'est vers le nord.
B – C'est près de Dieppe?
A – Non, c'est entre Dieppe et Paris.
B – C'est Rouen?
A – Oui, bravo.

Jumelage

Beaucoup de villes et de villages sont jumelés. Voilà des panneaux de villes jumelées.

Ecoute la cassette, regarde la carte et indique les quatre villes jumelées dans les photos.

Lion d'Angers

Maintenant écoute d'autres jeunes qui parlent de jumelages: écris le nom des villes jumelées.

Exemple
1 La Roche-sur-Yon en France et Coleraine en Irlande.

Et ta ville, elle est jumelée? Dessine un panneau de jumelage comme dans les photos.

Rappel

Où	est se trouve	Calais? Marseille?	C'est	dans vers	le nord le sud	– est. – ouest.
				entre	Boulogne et Dieppe.	
				près de	Paris.	

Où se trouve la ville jumelée de Bridgwater?

Regarde la liste de villes jumelées puis regarde la carte.

Où se trouvent les villes jumelées avec ces villes en Grande-Bretagne?

Exemple
La ville jumelée de Bridgwater est dans le sud de la France.

VILLES JUMELEES	
Bridgwater	La Ciotat
Dundee	Orléans
Darlington	Amiens
Blaenavon	Coutras

Les îles anglo-normandes

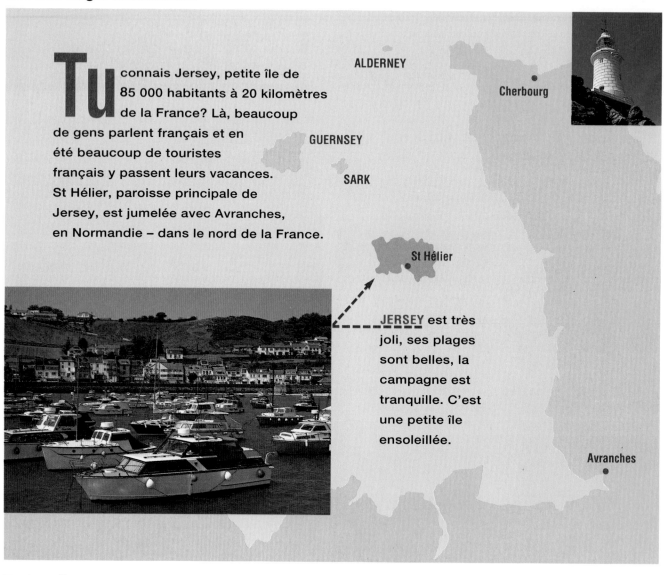

Tu connais Jersey, petite île de 85 000 habitants à 20 kilomètres de la France? Là, beaucoup de gens parlent français et en été beaucoup de touristes français y passent leurs vacances. St Hélier, paroisse principale de Jersey, est jumelée avec Avranches, en Normandie – dans le nord de la France.

ALDERNEY

Cherbourg

GUERNSEY

SARK

St Hélier

JERSEY est très joli, ses plages sont belles, la campagne est tranquille. C'est une petite île ensoleillée.

Avranches

Vrai ou faux?
1 Il y a soixante-cinq mille habitants à Jersey.
2 L'île ne se trouve pas très loin de la France.
3 On ne parle pas français à Jersey.
4 Beaucoup de vacanciers français vont à Jersey en été.
5 St Hélier et Avranches sont jumelées.

6 Il y a de belles plages à Jersey.
7 Il fait toujours un temps mauvais à Jersey.

On fait des comparaisons entre St Hélier et Avranches. Lis le texte et écoute la cassette. Jersey est plus grand qu'Avranches?

Objectif 2

Décrire ta ville ou ton village

J'habite à Brazzaville

Ecoute la cassette et lis ces textes. Note les détails importants sur chaque endroit.

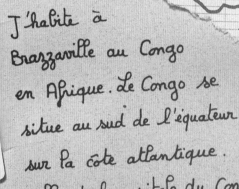

l'équateur

Brazzaville

J'habite à Brazzaville au Congo en Afrique. Le Congo se situe au sud de l'équateur sur la côte atlantique.

Brazzaville est la capitale du Congo et compte environ 440 000 habitants.

Elle a un climat tropical et elle est très belle. On l'appelle 'Brazzaville la verte'. Il y a beaucoup d'arbres et de grands jardins. Il y a aussi des quartiers où c'est sale, surtout au marché.

Pour les jeunes il y a des piscines, des cinémas et des clubs où l'on peut pratiquer l'équitation, le tennis, le football, le judo, le karaté. On peut aussi visiter différentes rivières ou partir à la chasse.

J'habite un très beau petit village qui s'appelle Echallens. Il est situé dans la suisse Romande près de Lausanne. Pour les jeunes, il y a seulement un terrain de foot et un club de ping-pong. Il y a une église entourée de petits magasins. C'est un petit village propre, paisible et calme en pleine campagne, entouré de champs et de forêts.

J'habite à Strasbourg dans le nord-est de la France. Elle a environ 300000 habitants. A Strasbourg se trouve le parlement européen. C'est une ville touristique: il y a des musées et une cathédrale. Comme toutes les grandes villes, il y a trop de voitures et de pollution et il n'y a pas assez d'endroits piétons. C'est très bruyant dans le centre et il y a plein d'activités pour les jeunes. Il y a des clubs de sport, des cinémas, des piscines, des clubs de musique, des discothèques, des terrains de jeux et une patinoire.

Tu as bien compris?

Regarde les textes sur Brazzaville, Echallens et Strasbourg. Recopie les phrases et remplis les blancs.

1 Brazzaville est la capitale du _____.
2 Il y a plein de boue au marché, c'est _____.
3 Strasbourg est dans le _____ de la France.
4 Echallens est un _____ dans l'ouest de la Suisse.
5 Brazzaville est situé sur la _____ atlantique.
6 On l'appelle 'Brazzaville la _____'.
7 Le parlement européen se trouve à _____.
8 Echallens est en pleine _____.
9 Echallens se trouve près de _____.
10 Le climat à Brazzaville est _____.

A toi maintenant – écris des phrases sur Brazzaville, Echallens ou Strasbourg et demande à ton/ta partenaire de remplir les blancs.

Rappel

J'habite	une ville un village	qui s'appelle ...
Il y a		environ 300,000 habitants. plein d'activités pour les jeunes.
C'est	une ville un village	touristique. propre. calme. en pleine campagne.

Sondages

Ecoute la cassette. On a fait des sondages parmi les jeunes à Brazzaville, Echallens et Strasbourg. On a posé la question 'Qu'est-ce que tu penses de ta ville/de ton village?' Voici les réponses. Dresse une liste de commentaires positifs et négatifs.

Brazzaville

- Je pense que Brazza est un peu sale.
- Je trouve que ma ville est très sympa.
- Tout coûte très cher et il y a trop de gens sans travail.
- Il manque des magasins de musique.
- Il n'y a pas assez de poubelles publiques.
- C'est une ville agréable à habiter.
- Elle est très calme.

Echallens

- Je suis très content de mon village.
- Je pense que c'est un village tranquille où l'on ne manque de rien.
- Pour moi, c'est absolument nul. C'est un bled perdu.
- Je l'aime bien.
- C'est trop isolé.
- Il n'y a pas assez de magasins.
- Il est beau.
- Je trouve qu'il est trop petit mais paisible et calme.
- Il manque des associations sportives.
- J'aime bien mon village. L'air est pur et frais.
- Je trouve qu'il est très bien situé.

Exemple

BRAZZAVILLE

Commentaires positifs	Commentaires négatifs
ma ville est très sympa	*un peu sale*

Strasbourg

- Ma ville est grande et jolie.
- Elle est splendide.
- Elle est belle mais polluée.
- Je pense qu'il y a trop de pollution.
- Il n'y a pas assez d'endroits piétons.
- C'est très beau en été, et il y a beaucoup de choses à visiter.
- Il y a trop de touristes.
- C'est une ville super.
- Elle est un peu trop bruyante.
- Il y a trop de voitures.
- Il y a trop de fumée.
- J'aime bien tout.

A toi maintenant – dresse une liste des aspects positifs et négatifs de ta ville ou ton village.

Je trouve que Marseille est plus intéressant que Montpellier.

Mais non, Montpellier est plus joli et plus propre.

C'est comment?

Que penses-tu de ces villes?

Exemple

A – Je n'aime pas cette ville.
Je trouve que c'est trop
pollué et trop sale.

Rappel

Je	trouve pense	que c'est	super. bien. absolument nul.		Il	y a trop de	fumée. voitures. touristes.
			plus	calme. joli. intéressant.			
			trop	pollué. sale. isolé.		n'y a pas assez de manque des	poubelles. magasins.

Ma ville idéale

Ces quatre jeunes parlent d'un village idéal ou d'une ville idéale. Regarde les textes et les images. Quelle est la ville idéale de chaque personne?

A

Leila

Mon village idéal serait loin de la ville, à la campagne avec les montagnes d'un côté et la mer de l'autre. La plage aurait des cocotiers et des palmiers. Il y aurait des champs avec des moutons et des vaches.

Ma ville idéale serait au bord de la mer avec plusieurs piscines, des terrains de tennis, des salles de jeux vidéo, cinq cinémas et un centre pour les jeunes. Elle serait très ensoleillée. Elle serait calme le soir et avec beaucoup de monde pendant la journée.

B

Reto

Je voudrais habiter une ville propre et tranquille avec des pistes cyclables où toutes les rues seraient illuminées. Elle serait assez grande, sans pollution et très belle avec de grands immeubles. Ma ville idéale serait au bord de la mer avec beaucoup d'arbres et de beaux monuments.

J'aimerais habiter une ville avec toujours du soleil et beaucoup de jeunes. J'aimerais bien habiter près de la mer et des montagnes pour aller faire du ski. Ma ville idéale aurait une patinoire, des piscines, un centre commercial et un cinéma de cinq salles.

Frédéric

Eliane

Et toi? Comment serait ta ville idéale? Et celle de ton/ta partenaire?

D

Rappel

Ma ville idéale	serait	à la campagne. propre et non polluée. grande et bruyante.
	aurait	beaucoup de cinémas. des zones piétonnes. plein de choses à faire.
Je voudrais J'aimerais	habiter	une ville propre. près de la mer.

C

Station service

Saying where places are

Où	est Le Mans?	Where is Le Mans?	**143**
	se trouve St Etienne?	Where is St Etienne?	
C'est	dans le nord-ouest de la France.	It's in north-west France.	**144**
	entre Rennes et Orléans.	It's between Rennes and Orléans.	
	vers le sud.	It's towards the south.	
	près de Lyon.	It's near Lyons.	

Describing towns and villages

C'est	une ville touristique.	It's a tourist town.	**136**
	un village tranquille et joli.	It's a quiet, pretty village.	
Il y a	500 habitants.	There are 500 inhabitants.	
	plein d'activités pour les jeunes.	There is a lot for teenagers to do.	

Giving your opinion

Je trouve que c'est	plus intéressant.	I think it's more interesting.	
	très calme.	I think it's very peaceful.	
	trop sale.	I think it's too dirty.	
Je pense que c'est	super.	I think it's great.	
	absolument nul.	I think it's dreadful.	
Il y a trop de	voitures.	There are too many cars.	**135**
	pollution.	There's too much pollution.	
Il n'y a pas assez de	magasins.	There aren't enough shops.	
	poubelles.	There aren't enough bins.	

Describing your ideal town

Ma ville idéale serait	près de la mer.	My ideal town would be near the sea.	**142**
	grande et moderne.	My ideal town would be big and modern.	
Elle aurait beaucoup de	cinémas.	It would have lots of cinemas.	
	choses à faire.	There would be lots to do.	
Je voudrais/J'aimerais	habiter en pleine campagne.	I'd like to live right out in the country.	
	habiter une grande ville.	I'd like to live in a big town.	

C'est quel village?

1

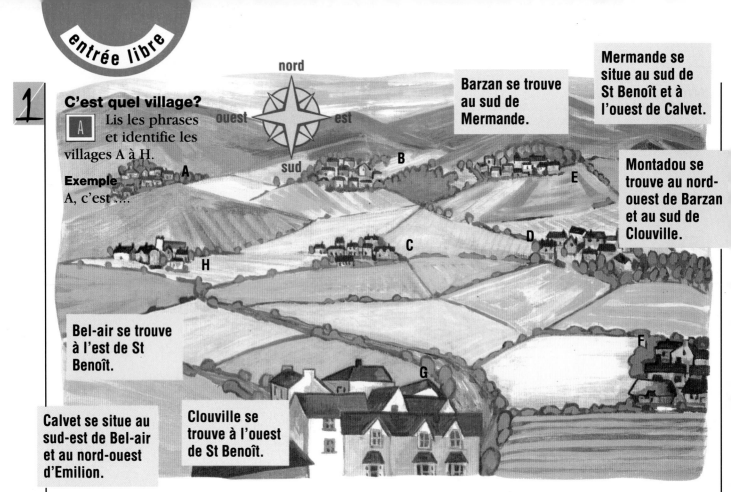

A Lis les phrases et identifie les villages A à H.

Exemple
A, c'est ....

nord
ouest
est
sud

Barzan se trouve au sud de Mermande.

Mermande se situe au sud de St Benoît et à l'ouest de Calvet.

Montadou se trouve au nord-ouest de Barzan et au sud de Clouville.

B

E

A

D

C

H

F

G

Bel-air se trouve à l'est de St Benoît.

Calvet se situe au sud-est de Bel-air et au nord-ouest d'Emilion.

Clouville se trouve à l'ouest de St Benoît.

Cherche jumelage ...

1

RD Voilà une ville française (inventée!) qui fait de la publicité pour trouver une ville partenaire.

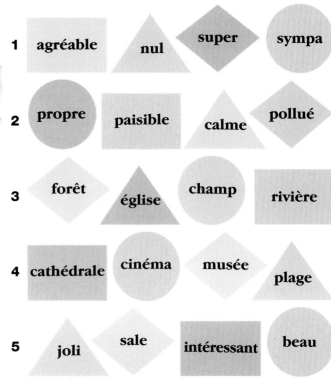

Ville moderne, 15 ans, très jolie, 30 mille habitants, piscine, patinoire, rivière, centre commercial, cherche ville partenaire. Adore les touristes surtout en été. Envoyez photos, s.v.p. 35721 Belleville-la-tranquille France.

Fais de la publicité toi aussi pour une autre ville (ou bien pour une ville inventée), ou réponds à cette publicité dans le même style!

Cherche l'intrus

RD Ecris le mot sur chaque liste qui ne va pas avec les autres mots.

Exemple
nord ouest loin sud = loin

1 agréable nul super sympa

2 propre paisible calme pollué

3 forêt église champ rivière

4 cathédrale cinéma musée plage

5 joli sale intéressant beau

Salut de St Hélier

Lis la carte postale de Maryse d'Avranches qui est en visite à St Hélier.

Comment trouve Maryse St Hélier? Choisis quatre mots du cadre.

isolé
calme
propre
sympathique
ensoleillé
sale
grand
beau

Salut de St Hélier!
Plein de soleil, belles plages...
plus bruyant qu'Avranches
et plus pollué!
Mais c'est très sympa
comme île.
Je t'écris une lettre dans
2 ou 3 jours.
                    Amitiés,
                    Maryse

Miss Tammy Reynolds
12 East Road
Twickenham
Middlesex   Angleterre

Corbière Lighthouse,
Mont Orgueil Castle.

JO 05 538 L

Salut, Christine!

Lis la lettre de Fabienne et remplis les blancs.

1. Les plages à Jersey sont _____.
2. Ce que Fabienne n'aime pas à St Hélier, c'est _____.
3. Les maisons à la campagne sont _____.
4. Elle trouve que les Jersiais adorent _____.
5. A son avis la campagne à Avranches n'est pas si _____ qu'à _____.

St. Hélier, le 23 juillet

Salut Christine,

Voilà cinq jours déjà qu'on est à Jersey. Il fait un temps superbe, du soleil tout le temps et énormément de monde sur les plages.

La famille de ma correspondante est très sympa. La maison est petite - plus petite que chez nous. Mais à la campagne, il y a beaucoup d'espaces verts et toutes les maisons sont grandes, et les jardins aussi.

Je trouve que la campagne à Jersey est vraiment jolie - plus jolie que chez nous. En plus, la côte avec ses rochers et ses plages est incroyablement belle.

Demain, on va au célèbre zoo de Jersey. Je pense que tous les Jersiais adorent les animaux, surtout à la maison. Jamais je n'ai vu tant de chats et de chiens.

Ce que je n'apprécie pas, c'est la circulation à St. Hélier. C'est affreux! Des voitures partout! Par contre, à la campagne, c'est calme et très agréable.

J'espère que tout le monde va bien. Pour l'instant, tout va très bien ici à Jersey. On s'amuse bien.

A bientôt!

Amitiés

Fabienne

Objectif 1 — Parler de ta maison ou de ton appartement

Chez moi

🎞️ Ecoute la cassette et lis les textes.

Yann, 15 ans
Deux Montagnes, Québec

J'habite une maison à la campagne. Dehors il y a un garage et un jardin. Dans le jardin il y a une belle piscine. La maison se trouve toute seule au bout d'une piste.

Farid, 13 ans
Toulouse, France

J'habite un appartement dans un grand immeuble en centre-ville. C'est au cinquième étage.

Antoine, 14 ans
Bastia, Corse

Mon appartement se trouve au bord de la mer, près du port. Dehors, juste en-dessous, il y a une cour.

Nicole, 13 ans
Les Abymes, Guadeloupe

J'habite une maison de taille moyenne, c'est-à-dire pas très grande, mais avec un grand jardin dans un quartier assez loin du centre-ville.

Oumou, 13 ans
Nyanning, Sénégal

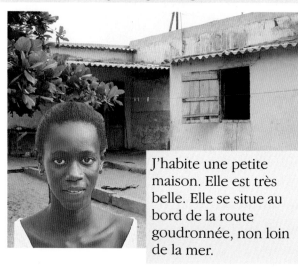

J'habite une petite maison. Elle est très belle. Elle se situe au bord de la route goudronnée, non loin de la mer.

Isabelle, 12 ans
Arques-la-Bataille, France

J'habite une ferme en pleine campagne à côté d'une petite rivière. Derrière la maison, il y a une forêt.

Lis les textes et regarde ces petites cartes. Sur chaque carte il y a une maison ou un appartement. Mais c'est la maison ou l'appartement de qui? Ecris le prénom de la personne après chaque lettre.

Exemple

=Antoine

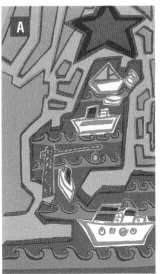

Rappel

J'habite	un	appartement.	
	une	maison.
ferme.	
Ma maison
Mon appartement	se trouve	à la campagne.	
		au bout	d'une piste.
		au bord	de la route.
		non loin
assez loin
près	de la mer.
du centre-ville.
du port.

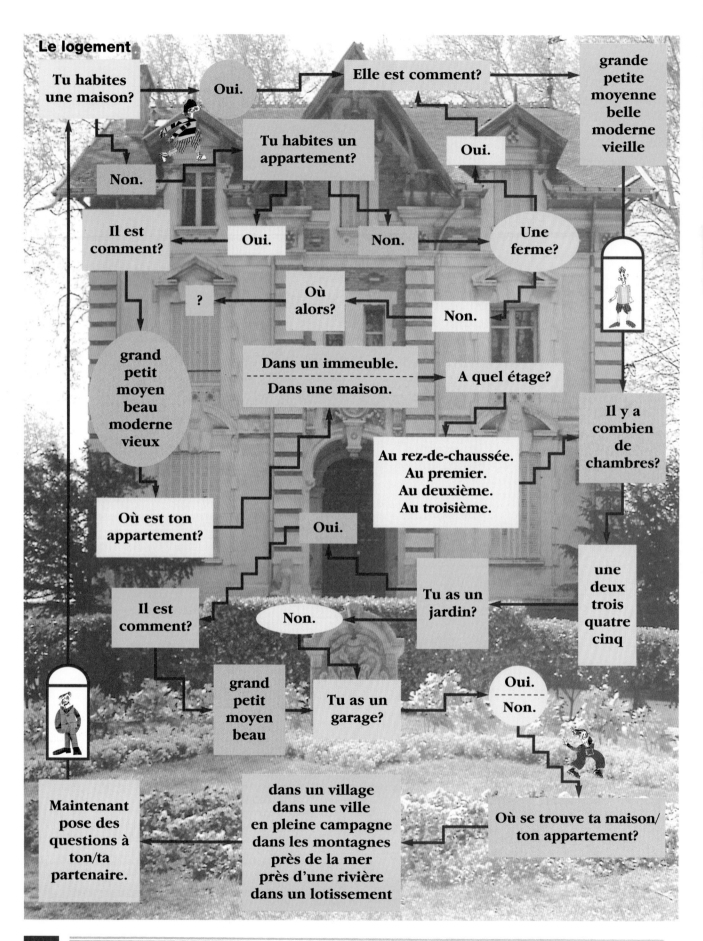

Le logement

Tu habites une maison? → Oui. → Elle est comment? → grande petite moyenne belle moderne vieille

Tu habites une maison? → Non.

Tu habites un appartement? → Oui.

Non. → Il est comment?

Tu habites un appartement? → Oui.

Tu habites un appartement? → Non. → Une ferme?

Une ferme? → Oui.

Une ferme? → Non. → Où alors? → ?

Il est comment? → grand petit moyen beau moderne vieux → Où est ton appartement?

Dans un immeuble.
Dans une maison. → A quel étage? → Au rez-de-chaussée. Au premier. Au deuxième. Au troisième.

Il y a combien de chambres? → une deux trois quatre cinq

Tu as un jardin? → Oui.

Tu as un jardin? → Non.

Il est comment? → grand petit moyen beau → Tu as un garage? → Oui. / Non.

Où se trouve ta maison/ ton appartement? → dans un village dans une ville en pleine campagne dans les montagnes près de la mer près d'une rivière dans un lotissement → Maintenant pose des questions à ton/ta partenaire.

Sondage: Corse

On a posé ces questions
à soixante-quatre jeunes
en Corse.
Lis les réponses:

Tu habites
une maison ou un
appartement?

Une maison.

Ta maison se
trouve où?

Dans un village
dans les montagnes.

un appartement
11

une maison
53

dans les montagnes

dans un lotissement

près de la mer

près d'une rivière

un village

une ville

à la campagne

30

25

20

15

10

5

Réponse à Rémi

Comment est ta maison ? Où habites-tu exactement ?
C'est une maison ou un appartement ? Parle-moi
un peu de ça dans ta prochaine lettre.

A bientôt

Amicalement

Rémi

Ecris une réponse à
Rémi. Commence par:
*Tu m'as bien demandé
d'écrire quelque chose
sur ma maison/mon
appartement. Alors …*

Comment?

Ecoute la cassette et suis les textes. Que dit-on quand on ne comprend pas au téléphone?

Une question d'adresses

 Regarde la carte et la légende. Qu'est-ce que cela veut dire, 'bd.'? Et 'imp.'? Maintenant écoute la cassette et écris chaque adresse.

Exemple

c. Jeanne d'Arc = Cours Jeanne d'Arc.

Légende
all. = Allée
av. = Avenue
bd. = Boulevard
c. = Cours
ch. = Chemin
imp. = Impasse
pl. = Place
r. = Rue
rte. = Route

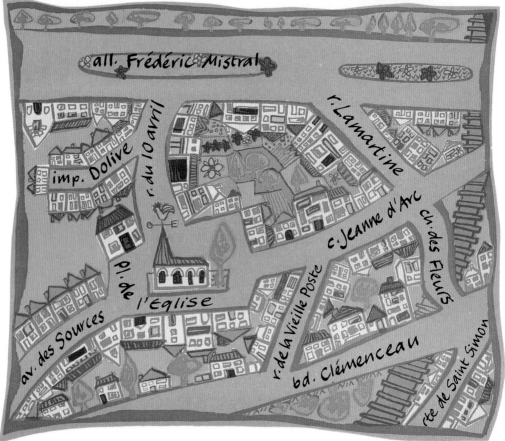

Dans notre immeuble

Au rez - de - chaus - sée, c'est Mon - sieur Bé - nin, Le

vieux con - ci - er - ge, qui chante à son chien.

Là où j'ha - bi - te, c'est un im - meu - ble nor - mal,

Là où j'ha - bi - te, il n'y a per - sonne de spé - cial.

2

Au premier étage, c'est Madame Charras
Qui porte une perruque et a vingt et un chats.
Au rez-de-chaussée, c'est Monsieur Bénin,
Le vieux concierge, qui chante à son chien.
Là où j'habite, c'est un immeuble normal,
Là où j'habite, il n'y a personne de spécial.

3

Au deuxième étage, la famille Durand
Qui regarde la télé tout le temps,
tout le temps.
Au premier étage …
Au rez-de-chaussée …
Là où j'habite …

4

Au troisième étage, c'est Mademoiselle Creux
Qui arrose ses plantes, même quand il pleut.
Au deuxième étage …
Au premier étage …
Au rez-de-chaussée …
Là où j'habite ...

5

Au quatrième étage, les jumelles Lavigne,
Mais laquelle est Michèle et laquelle est
Martine?
Au troisième étage …
Au deuxième étage …
Au premier étage …
Au rez-de-chaussée …
Là où j'habite …

Ma maison

Lis le texte et regarde le plan de la maison d'Isabelle. Comment est ta maison ou ton appartement? Et comment serait ta maison idéale?

Exemple

Ma maison idéale serait très moderne. Elle aurait beaucoup de chambres.

Rappel

	une deux	chambre(s).
(Chez nous) on a	une	cuisine. douche. terrasse.
	un	séjour/salon. WC.

Salut!
Je m'appelle Isabelle de Souza. Je suis québécoise. J'habite à la campagne, à huit kilomètres de l'école et à trente-cinq kilomètres du centre de Montréal. C'est très calme ici mais moi, je l'aime bien. Mes grands-parents habitent tout près, dans une vieille ferme. Nous, on a une maison moderne. C'est mon père qui l'a construite. Au rez-de-chaussée il y a trois chambres, la salle de bains, le salon, la salle à manger et la cuisine. Puis au sous-sol il y a une grande salle de jeux avec une belle cheminée. Dehors, on a un grand jardin. D'octobre à mars, il est souvent couvert de neige. Mais dans la maison il fait toujours agréablement chaud.

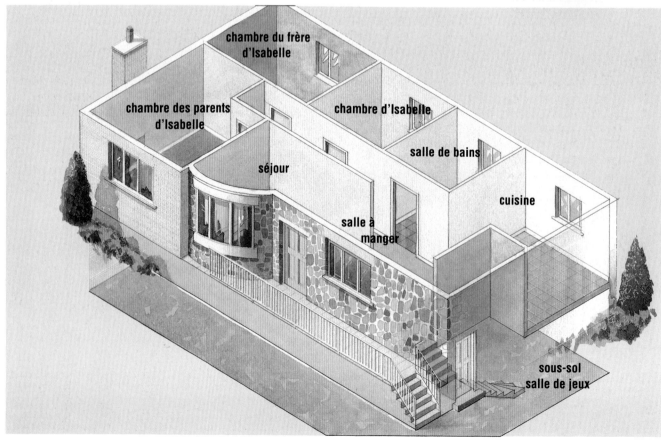

chambre du frère d'Isabelle

chambre des parents d'Isabelle

chambre d'Isabelle

séjour

salle de bains

cuisine

salle à manger

sous-sol
salle de jeux

Là où j'habite ...

 Ecoute ces trois jeunes qui décrivent leur maison ou leur appartement. Note les détails.

C'est où ta chambre?

Travaille avec ton/ta partenaire. Choisis une chambre et pose des questions (ou réponds aux questions). Peux-tu trouver la bonne réponse en moins de 40 secondes?

Exemple

A – J'ai choisi.

B – Tu as un balcon?

A – Non.

B – Il y a des livres dans ta chambre?

A – Oui.

B – Il y a des posters?

A – Non.

B – Il y a des rideaux?

A – Oui.

B – Tu écoutes de la musique dans ta chambre?

A – Non.

B – Tu as un ordinateur?

A – Oui.

B – Alors, ta chambre est au premier étage à droite.

A – Oui, c'est ça.

Autres façons de poser les questions:

Il y a un balcon?

Tu as des livres?

Tu joues avec l'ordinateur?

Tu as des stores dans ta chambre?

Il y a une étagère dans ta chambre?

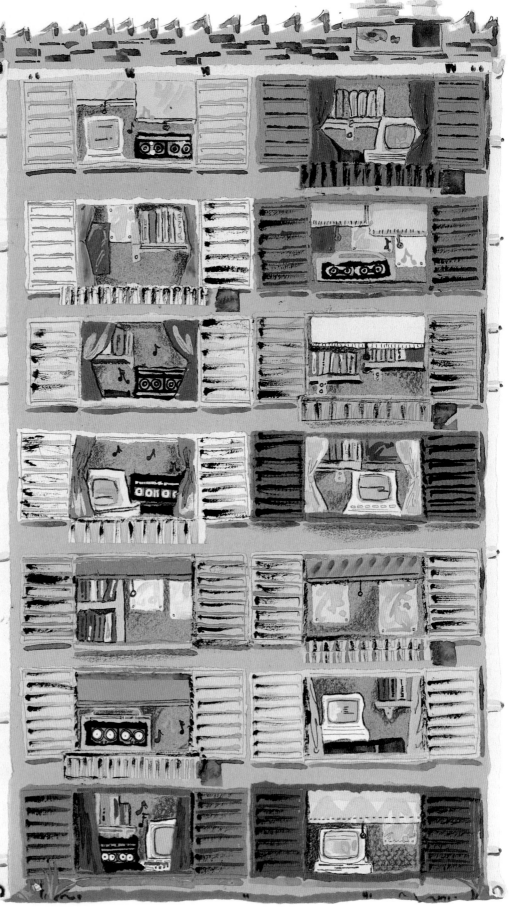

Station service

Saying where you live

J'habite une maison	en centre-ville.	I live in a house in the centre of town.	**144**
On habite une ferme	en pleine campagne.	We live on a farm right in the countryside.	
	au bout d'une piste.	We live on a farm at the end of a track.	
Ma maison se trouve	au bord de la route.	My house is by the road.	
	non loin de la mer.	My house is not far from the sea.	

First, second and third

J'habite	au premier étage.	I live on the first floor.
Notre appartement est	au deuxième étage.	Our flat's on the second floor.
	au troisième étage.	Our flat's on the third floor.

Asking questions

Quelle est	ton adresse?	What's your address?	**143**
Tu peux	parler plus lentement?	Can you speak more slowly?	
Comment	cela s'écrit?	How do you spell that?	
Tu as	des stores dans ta chambre?	Have you got blinds in your (bed)room?	
Il est comment	ton appartement?	What is your flat like?	
Il y a	un balcon?	Is there a balcony?	

Talking about your home

Chez nous	on a deux chambres.	In our house we've got two bedrooms.
Chez moi	on a trois chambres.	At my home we've got three bedrooms.
	une cuisine.	We've got a kitchen.
	un séjour.	We've got a living room.
On a	une salle à manger.	We've got a dining room.
	une salle de bains.	We've got a bathroom.
	un garage.	We've got a garage.

1 Débrouille-les!

 Regarde les photos et écris les textes dans le bon ordre.

Montréal, Québec

centre-ville est du

Mon loin au étage

appartement non troisième

la petite à habite

une campagne J' maison

Les Alpes, France

maison une

J' maison

avec

mer

piscine

La Méditerranée, France

de

habite la près grande une

2 Expéditeurs

Regarde ces enveloppes. Peux-tu décoder chaque adresse? Ecris-les dans ton cahier.

Exemple

Jean Feydel, 23 Rte du Pont, 7ème et.
appt. 742, 91220 BRETIGNYs/ORGE

= Monsieur Jean Feydel
   23 route du Pont
   septième étage, appartement 742
   91220 BRETIGNY sur ORGE
   France

Expéditeur: Mamadou Wade,
225 all. des Grillons,
appt. 67, Dakar.

Expéditeur: Murielle Villin
Résidence Espace 2070
appt. 51, 5ème ét.
97110 Pointe-à-Pitre

Expéditeur: Nathalie Brissaud
44 bd. Jean-Jaurès
62 300 Villeneuve
s/Saône

Expéditeur: Marième Blind
6 imp. Genève,
Cronay,
1402 Vaud

Expéditeur: Robert Beauchamp, 137 56ème av.,
St. Eustache, Montréal J7P 3K7,
Québec.

Quoi?!

RD   Décode et écris les informations sur ces maisons et appartements à louer ou à vendre.

Exemple
A louer, pt. appt. près c-v., 2 ch., sal, cuis., s.d.b., gar.

= petit appartement à louer près du centre-ville avec deux chambres, un salon, une cuisine, une salle de bains, et un garage.

A vendre près Paris, appt. dans grd. imm., gde. cuis., s. à m., 2 ch., s.d.b.

———————

A louer, grde. mais. avec sal., cuis., 4 ch., s.d.b., gar.

———————

A vendre, appt. près c-v., 3 ch., grd. sal., 2 s.d.b., cuis., jard.

———————

Déménagé

A   Lis la lettre de Julien et dresse une liste comportant cinq aspects positifs et trois aspects négatifs de sa nouvelle maison.

Ecris une lettre toi aussi comme celle de Julien. Imagine que tu as déménagé. Décris la maison/l'appartement. Dis si tu es content(e) ou non, et pourquoi.

Salut Maryse,

Me voilà déménagé à Quimper. La maison se trouve près du port. C'est très joli et les pièces sont grandes. J'aime bien avoir beaucoup d'espace dans la maison. On a dix pièces : la cuisine, le séjour, la salle à manger, cinq chambres et deux salles de bains - très pratique, n'est-ce pas? Mais on est au bord de la route et il y a toujours beaucoup de circulation. Enfin, on ne peut pas dire que Quimper est pollué, quand même !

Au premier étage, il y a un balcon avec vue superbe sur la mer. Le jardin est petit mais très joli. Mimi adore le jardin, il passe tout son temps à aller à la chasse aux souris et aux oiseaux ... mais il m'en attrape jamais.

J'espère que tu vas venir bientôt nous rendre visite. On peut aller à la pêche, nager, bronzer, se reposer ... tout quoi. Il fait super beau en ce moment. N'oublie pas de me téléphoner. C'est le 42 15 59 36.
     A bientôt, alors ?
     Amitiés
          Julien,

Vu et lu

LE BIDONVILLE: VILLAGE RECYCLE

La maison de Farida n'est sûrement pas comme la tienne ou celle de tes amis. Avec ses murs faits de planches attachées avec de la corde et recouvertes de sacs à poubelle, elle ressemble plus à une cabane qu'à un bungalow.

Pour se construire un abri, tous les matériaux sont utiles, même une plante pour décorer!

Farida vit à Daulat Nagar, un bidonville de la ville de Bombay, en Inde. Ses parents ont quitté la campagne où la misère ne leur permettait pas de faire vivre leur famille.

Arrivés à la ville, ils n'avaient pas d'argent pour louer un logement. Ils ont donc emménagé dans le bidonville, un village de baraques à moitié construit sur un marécage. Le terrain est si humide que tout est inondé pendant les pluies de la mousson de juin à septembre.

Pendant la mousson, le sol est souvent inondé.

Le puits de Daulat Nagar ne donne que de l'eau salée. Pour obtenir de l'eau potable, il faut faire 500 mètres à pied.

LE BIDONVILLE: VILLAGE RECYCLE

A droite de la photo: les toilettes communautaires du bidonville. Les gens les utilisent peu.

Bien sûr ça n'a rien d'hygiénique, et les odeurs qui se dégagent du bidonville ne sont pas des plus délicates. Mais quand on n'a nulle part où vivre, comme des milliers de personnes à Bombay, c'est mieux que de coucher dans la rue! Encore plus important, l'endroit est proche du centre-ville de Bombay, où on peut trouver du travail.

Faudrait-il en loger les habitants du bidonville dans de plus beaux immeubles? Peut-être, mais ce ne serait pas facile, puisque des millions de personnes vivent dans les bidonvilles. En plus, ce n'est pas sûr que ces gens s'y sentiraient à l'aise, loin de leur travail et de leurs amis.

PROJET Tiers Monde

Prépare un dossier illustré sur les problèmes de logement dans les bidonvilles du Tiers Monde.

Objectif 1

Parler des passe-temps

Et moi?

Lis ces détails personnels sur les passe-temps.
Avec quel garçon et avec quelle fille as-tu le plus
en commun? Ecris les deux prénoms.

Prénom André
Passe-temps Jouer aux cartes et aux jeux de société, faire du ballet, de la gymnastique artistique, des claquettes et de la danse moderne et classique

Prénom Emilie
Passe-temps Jouer au ping-pong, faire du skateboard, écouter de la musique, collectionner des articles de toilette, lire des B.D.

Prénom Héla
Passe-temps Jouer au foot, au tennis et au volley-ball, aller à des boums, faire de la natation

Prénom Philippe
Passe-temps Jouer du violon, collectionner les monnaies étrangères, faire de la natation, écouter de la musique pop, du jazz, de la musique alternative et de la musique classique

Prénom Ousmane
Passe-temps Collectionner les timbres, faire du trampoline, de la lecture, écouter de la musique pop, jouer avec l'ordinateur, parler au téléphone

Prénom Benoît
Passe-temps regarder la télé et les vidéos, collectionner les timbres, les autocollants, les cartes postales, les macarons et la monnaie

Prénom Sébastien
Passe-temps faire du vélo et de la peinture, jouer du violon, de la flûte à bec et de la guitare

Prénom Julie
Passe-temps faire des randonnées à vélo, écouter de la musique, la lecture, écrire des programmes informatiques, jouer avec l'ordinateur, échanger des disquettes

Prénom Corinne
Passe-temps aller au cinéma, à des boums et en ville avec les copains, écouter de la musique pop, danser, jouer à des jeux vidéo

Qui a dit ça?
Exemple
1 = Héla

1 Je suis très sportive.
2 J'aime beaucoup sortir et m'amuser.
3 Je collectionne toutes sortes de choses.
4 Je suis fanatique de l'informatique.
5 J'aime toutes sortes de musique.
6 Ma passion, c'est la danse.

Je me présente

Travaille avec ton/ta partenaire. Imagine que tu es une des personnes ci-dessous. Parle de toi-même et de tes passe-temps. Ton/ta partenaire doit deviner qui tu es.

Exemple

A – J'ai quinze ans. J'aime faire de la natation … qui suis-je?

B – Samir. Moi, j'aime danser. Qui suis-je …?

Rappel

		timbres.
	collectionner les	autocollants.
J'aime	faire de la peinture. jouer du violon. écrire des programmes informatiques.	
Je suis	sportif/sportive. fanatique de l'informatique.	

Voici une lettre d'une correspondante française.

Est-ce que tu aimerais recevoir cette lettre? Oui ou non? Explique pourquoi.

Fais une liste des raisons en utilisant les phrases ci-dessous.

Blaye, le 10 décembre

Salut !

Alors, tu viens enfin nous rendre visite en France – extra ! Normalement, il fait drôlement beau ici au mois de juillet. On va beaucoup sortir, si tu veux, promener le chien, faire du cheval, des promenades, du vélo, des pique-niques, aller à la piscine. En plus on peut aller au complexe sportif faire du trampoline, jouer au basket et au badminton avec les copains. Ça te dit ? Moi, j'adore ça. Et puis il y a le musée, le château, la citadelle, le cinéma. On peut aller à Bordeaux aussi en car ou avec mes parents en voiture.

On est déjà invité presque tous les soirs chez les copains. L'été en ville, on passe beaucoup de spectacles – on a même prévu un concert de rock à la citadelle avec un feu d'artifice.

On ne va pas sortir tout le temps, bien sûr. On va se reposer de temps en temps ... regarder la télé, des vidéos, écouter des disques. Je te ferai voir ma collection de timbres et mes B.D. Le week-end, on va chez mes grands-parents. Ils sont vraiment sympas, tu verras.

Allez, il est déjà dix heures et moi, je suis fatiguée. Je vais me coucher tout de suite.

J'attends avec impatience ta visite. Tu as le bonjour de toute la famille.

A bientôt. Amitiés
Elsa

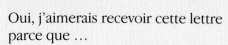

Oui, j'aimerais recevoir cette lettre parce que …

- j'aime regarder la télé.
- j'aime bien collectionner les timbres.
- aller chez les grands-parents, c'est bien.
- j'adore ça, faire du cheval.

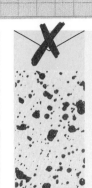

Non, je n'aimerais pas recevoir cette lettre parce que …

- je déteste les sports.
- je n'aime pas lire les B.D.
- j'ai horreur du trampoline.
- aller chez les grands-parents, c'est ennuyeux.
- je n'aime pas les musées.

Objectif 2

Faire un voyage

En route

Voici des jeunes qui vont chez leurs correspondants en France.

La gare maritime à St Malo

Il y a une bonne correspondance entre le ferry et le train à St Malo. Jacqueline vient d'arriver de Jersey avec son amie Alexia.

Le port de Bastia en Corse

Il y a des bateaux réguliers pour la France. La traversée dure huit heures. Antoine voyage avec un groupe scolaire. Il va prendre le bateau pour Marseille, puis le train pour Paris.

L'aéroport à Dakar au Sénégal

Plusieurs fois par semaine il y a des vols directs pour Paris. Alima va passer un mois en France chez une famille française.

Dans l'avion

Le vol de Sydney à Paris est très long. Il dure 24 heures. James, un jeune australien, va passer trois semaines chez son oncle et sa tante.

Départs

Travaille avec ton/ta partenaire. Choisis une
destination et dis quelque chose sur ton départ,
par exemple: l'heure du départ, le quai, et le
numéro du train ou du vol.

Exemple

A – Je vais où? Je pars à 13 heures.
B – A Montpellier?
A – Non, je pars du quai numéro 3.
B – Tu vas à Nice?
A – C'est ça. A toi maintenant.

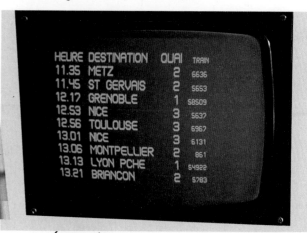

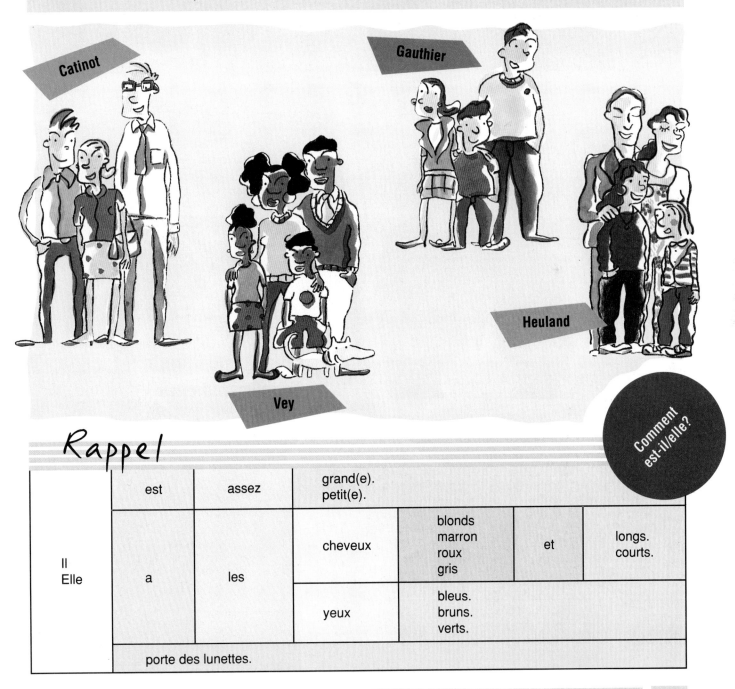

Objectif 3

Parler à une famille française

L'accueil

Lis les textes et trouve la bonne famille française pour Antoine, Alima, Jacqueline et James.

Alima va loger dans une famille avec deux filles. Nathalie a les cheveux marron et longs, et sa sœur a les cheveux blonds et courts.

La famille de Jacqueline est un couple avec une fille de 14 ans et un fils de 10 ans. Ils ont un petit chien.

La famille de James est un couple avec un fils âgé de 15 ans. Il est assez grand et il a les cheveux roux. Le père est grand, aux cheveux gris et il porte des lunettes.

Antoine va loger chez une famille avec un seul parent. Les parents sont divorcés. La mère est petite et les deux garçons, âgés de 14 et de 10 ans, ont les cheveux marron.

Catinot

Gauthier

Heuland

Vey

Comment est-il/elle?

Rappel

Il Elle	est	assez	grand(e). petit(e).			
	a	les	cheveux	blonds marron roux gris	et	longs. courts.
			yeux	bleus. bruns. verts.		
	porte des lunettes.					

Qu'est-ce qu'on répond?

Que dit-on quand on arrive? Pose les questions à ton/ta partenaire … et réponds en choisissant une des réponses.

Tu es fatigué(e)?

Non, merci, mais je voudrais boire quelque chose.

Oui, pas mal, merci.

Oui, je n'ai pas beaucoup mangé aujourd'hui.

Tu as faim?

Non, j'ai dormi en route.

Oui, c'était super.

C'était affreux! J'ai été malade.

Oui, mais c'était un peu long.

Pas trop.

Tu as fait bon voyage?

Non, mais j'ai mal à la tête.

Un peu.

Non, j'ai mangé en route.

Oui, je n'ai pas pu dormir en route.

Comment as-tu voyagé?

Ecoute la cassette et trouve les trois erreurs sur ces cartes.

Julie

Claire

Roissy

Montréal

Douvres

Calais

Paris

Marseille

Tunis

Guillaume

Aïssatou

Martinique

Rappel

J'ai On a	pris	le	bateau. train. bus.
		l'	hovercraft. avion.
Le	vol voyage	a duré	une heure. quatre heures.
Je suis	parti(e) arrivé(e)	à	deux heures. trois heures.

Station service

Saying what you like doing

	collectionner les autocollants.	I like collecting stickers.	**138**
J'aime	faire de la peinture.	I like painting.	
	jouer du violon.	I like playing the violin.	
	écrire des programmes informatiques.	I like writing computer programs.	

Describing yourself and others

Je suis	sportif/sportive.	I'm keen on sport.	**136**
	fanatique de l'informatique.	I'm a computer fanatic.	
J'ai les cheveux	marron et longs.	I've got long brown hair.	
Elle a les yeux	bleus.	She's got blue eyes.	
Il porte	des lunettes.	He wears glasses.	
Les parents sont	divorcés.	The parents are divorced.	
La mère est	petite.	The mother is small.	
Alima est	assez grande.	Alima is quite tall.	

Meeting, greeting and introducing people

C'est bien	Alima?	You are Alima, aren't you?
Bonjour.	Bienvenue en France.	Hello. Welcome to France.
Tu as	fait bon voyage?	Did you have a good trip?
	faim?	Are you hungry?
Je te présente	mon père.	This is my father.

Talking about a journey you have just completed

J'ai pris	le bateau.	I took the boat.	**141**
On a pris	l'avion.	We flew.	
Le voyage	a duré quatre heures.	The journey took four hours.	
Je suis parti(e) à	six heures.	I set off at six o'clock.	
On est arrivé à	onze heures.	We arrived at eleven o'clock.	

entrée libre

1   Qui est-ce?

(RT)   Regarde les détails sur les passe-temps à la page 30. Comment s'appellent les jeunes sur les photos?

On va à la boum après le match?

J'aime écouter de la musique de tous les genres.

J'aime collectionner les B.D. aussi. Et toi?

On regarde une vidéo ce soir?

1   Loisirs décontractés

(RD)   Débrouille les mots pour en faire une phrase, puis relie-la avec la bonne image.

très	suis	sportive	je		
suis	informatique	je	de	l'	fanatique
choses	je	sortes	de	toutes	collectionne
la	c'est	ma	danse,	passion	
musique	sortes	toutes	j'	aime	de

Trouve les erreurs

 Corrige les erreurs et écris les bonnes phrases.

1 L'aéroport où James arrive s'appelle Sydney.

2 Roissy est un aéroport à Marseille.

3 Bastia est un port en France.

4 Marseille est un port en Corse.

5 Il y a une bonne correspondance entre le ferry et le métro à St Malo.

6 St Malo est un port au Sénégal.

Aimerais-tu vivre à l'étranger?

A On a fait un sondage sur les échanges. Voici quelques résultats. Relie les textes et ce que dit chaque jeune.

Raoul

Si on fait un échange on a la possibilité de mieux comprendre les gens.

«J'aimerais partir à l'étranger pour les vacances. Mais ça serait triste de quitter toute la famille, mes frères et sœurs, parents, grands-parents, cousins … et mes copains bien sûr!»

Un échange? Je veux bien mais il me manquerait tous mes amis et mes parents.

Myriam

«J'ai vécu trois ans au Gabon en Afrique et ça reste toujours un bon souvenir. Le mode de vie est totalement différent là-bas. J'allais à l'école le matin et l'après-midi, je pratiquais plein de sports. Chaque dimanche, on allait à la plage. C'était superbe. La mer était splendide. Oui, j'aimerais participer à un échange … mais non en Europe … en Asie ou en Amérique du Sud peut-être.»

Fatou

Le mode de vie français m'attire beaucoup, surtout en ce qui concerne les distractions et la musique.

«Quelle chance de participer à un échange! Moi, personnellement j'aimerais bien. Chaque personne a une vie différente, et plus on est en contact avec des gens différents, plus on est tolérant. Vivre à l'étranger, c'est un peu 'nouvelle vie'. C'est un peu triste aussi, mais …»

L'idée d'un échange me dit quelque chose, mais de préférence ce serait un échange ailleurs qu'en France.

Denis

«Je suis née au Maroc et j'habite en Tunisie mais je suis française. J'aimerais passer un mois en famille en France. J'aimerais connaître les nouveaux films et les nouvelles chansons en France. Nous sommes toujours en retard en Tunisie.»

A toi maintenant. Que penses-tu d'un échange – en France, en Afrique, en Amérique? Ecris ou enregistre ton avis et n'oublie pas de donner tes raisons!

Chez les Heuland

Objectif 1

Présenter ta maison ou ton appartement

La chambre pour Alima

Dans la chambre de Nathalie

Rappel

Ma Ta	chambre est				à gauche. à droite. en face. à côté. au bout du couloir.
La	chambre	de	mes parents mon frère ma sœur	est	
Voici	le séjour. la salle de bains. les WC.				

Appartements de luxe

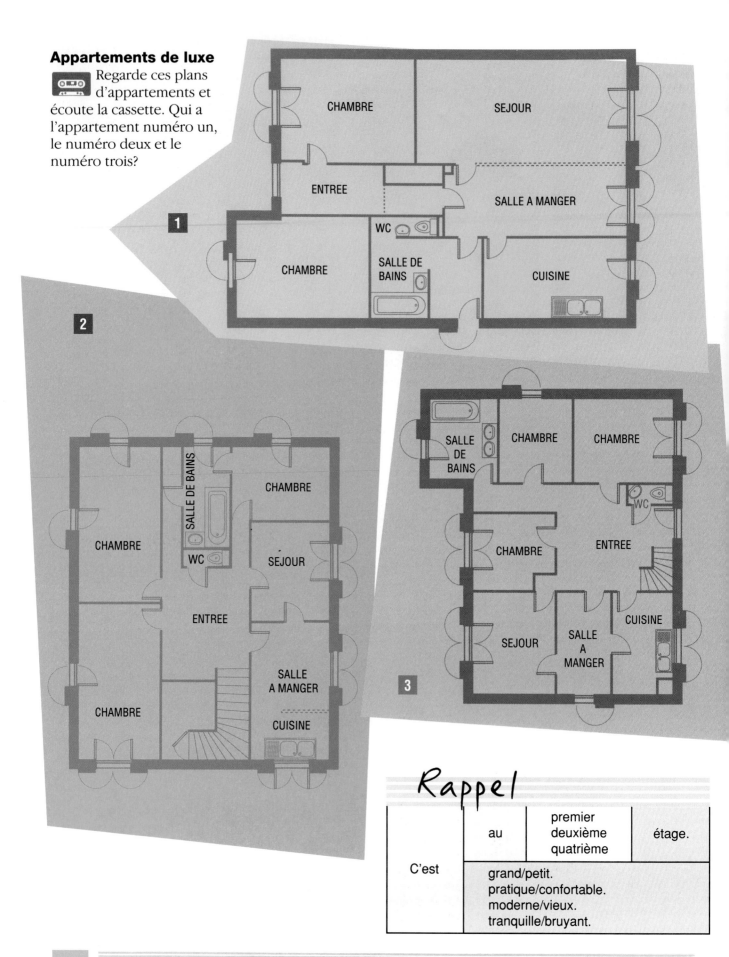

Regarde ces plans d'appartements et écoute la cassette. Qui a l'appartement numéro un, le numéro deux et le numéro trois?

1

CHAMBRE

SEJOUR

ENTREE

SALLE A MANGER

WC

CHAMBRE

SALLE DE BAINS

CUISINE

2

SALLE DE BAINS

CHAMBRE

WC

CHAMBRE

SEJOUR

ENTREE

SALLE A MANGER

CHAMBRE

CUISINE

3

SALLE DE BAINS

CHAMBRE

CHAMBRE

WC

CHAMBRE

ENTREE

SEJOUR

SALLE A MANGER

CUISINE

Rappel

	au	premier deuxième quatrième	étage.
C'est		grand/petit. pratique/confortable. moderne/vieux. tranquille/bruyant.	

Ma chambre à moi

Voici trois chambres. Lis les phrases ci-dessous et dresse une liste des phrases qui correspondent à chaque photo.

Puis sers-toi des phrases pour écrire une description de chaque chambre.

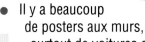
La chambre de Mathieu

La chambre de Thomas et Fabrice

- Il y a beaucoup de posters aux murs, surtout de voitures et de films.
- A côté du lit, il y a deux bureaux – l'un où je fais mes devoirs et l'autre pour mon ordinateur.
- Ma chambre est en haut de la maison. Elle a un plancher et un plafond en bois.
- On a des lits superposés. Moi, je dors en bas et Fabrice dort en haut.
- Mon lit est dans le coin, avec des coussins dessus et un tapis devant.
- Au-dessus du bureau, il y a une étagère à livres.
- A côté des lits, il y a une étagère avec beaucoup de BD.
- A côté du lit, il y a une petite table avec une plante dessus.
- Il y a aussi des coupes et des trophées. Mon frère et moi, nous aimons beaucoup le sport.
- J'ai une collection de badges qui viennent des pays et des villes que j'ai visités.
- Les jumelles sont à Fabrice. Il s'intéresse aux oiseaux.
- Sous la fenêtre, j'ai mon bureau où je fais mes devoirs.
- La flûte à bec, c'est à moi.
- Il y a un bureau avec une lampe et un globe dessus.

La chambre d'Amandine

Maintenant décris ta chambre en écrivant une lettre à un(e) correspondant(e) français(e).

Tu donnes un coup de main à la maison?

Ecoute la cassette et lis les textes. Six jeunes disent comment ils aident à la maison. Qui fait le plus à ton avis?

Le week-end, je fais le ménage, et je sors la poubelle tous les jours. Je fais la vaisselle de temps en temps. J'aide mon père à faire la cuisine aussi.

François

Je passe l'aspirateur le soir, je fais mon lit le matin quand je me lève et je travaille dans le jardin avec maman.

Hélène

Je range ma chambre et je fais les courses de temps en temps mais à part ça ... non.

Chantal

Je mets la table. On fait les courses ensemble et on promène le chien à tour de rôle.

Georges

Je nettoie la salle de bains et je balaie un peu le garage.

Béatrice

Ma mère fait la cuisine, les courses et le ménage.

Alain

Et toi, qu'est-ce que tu fais pour aider à la maison?

Le lendemain

Bonjour Alima, ça va? Tu as bien dormi?

Oui, merci.

La salle de bains est libre. On prend le petit déjeuner dans dix minutes.

D'accord, je me lève tout de suite.

Bon appétit! Tu prends du café?

Non, un jus d'orange, s'il te plaît.

Je peux vous aider à faire la vaisselle?

Non, ça va, mais tu peux débarrasser la table, s'il te plaît.

Tu donnes souvent un coup de main chez toi, Alima?

Oui, mes parents travaillent tous les deux à l'hôpital. Donc, j'aide beaucoup à la maison.

Nathalie et Nicole m'aident aussi.

Je travaille pendant la semaine dans une banque et je n'ai pas beaucoup de temps libre.

Chaque semaine elles dressent une liste des tâches:

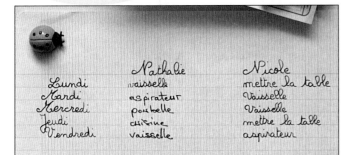

	Nathalie	Nicole
Lundi	vaisselle	mettre la table
Mardi	aspirateur	vaisselle
Mercredi	poubelle	vaisselle
Jeudi	cuisine	mettre la table
Vendredi	vaisselle	aspirateur

Attention!

tu

vous

Rappel

Je peux vous aider?		Oui, tu peux	mettre débarrasser	la table.
Je peux vous aider à	faire la vaisselle? passer l'aspirateur?	Oui, merci. Non, ça va merci.		

Emissions de télévision

 Ecoute la cassette. Qu'est-ce qu'on aime comme émission de télévision?

variétés

jeux télévisés

séries

documentaires

sport

films

actualités

feuilletons

publicités

émissions humoristiques

magazines

dessins animés

Et toi? Qu'est-ce que tu aimes?
Demande à un(e) partenaire ce qu'il/elle aime comme émission de télévision.

J'aime les jeux télévisés … et toi?

Non, c'est idiot, je préfère les dessins animés.

Rappel

Je trouve que A mon avis,	c'est	intéressant. chouette. drôle. amusant. rigolo. idiot. ennuyeux. mauvais.

Sondage

On a posé la question 'Que préférez-vous comme émission?' aux classes 5e1 et 5e2 au collège de Cordes. Chacun pouvait nommer trois sortes d'émissions. Voici les résultats:

Maintenant fais des comparaisons et écris-les dans ton cahier.

Exemple

Les films sont plus populaires que les feuilletons.

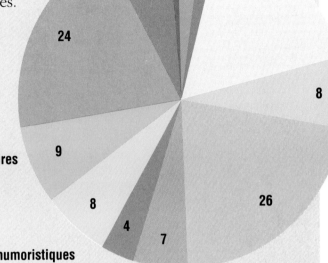

■ magazines	□ feuilletons	□ documentaires
■ publicités	■ films	■ variétés
■ actualités	■ dessins animés	■ séries
■ sport	■ jeux télévisés	■ émissions humoristiques

Ce soir à la télé

Voilà les émissions de télé d'une soirée en France.

Vrai ou faux?

1 On passe un feuilleton américain à dix-neuf heures sur *France 3*.
2 On ne passe pas d'émission de sport sur *France 2* ce soir.
3 Il n'y a pas d'émission humoristique avant vingt heures quarante.
4 On passe une émission pour les jeunes à sept heures moins dix sur *Canal +*.
5 Il y a plus de jeux télévisés sur ces chaînes ce soir que chez nous.

A toi maintenant. Ecris des phrases sur ces émissions et demande à ton/ta partenaire: 'C'est vrai ou faux?'

17.50 LA UNE EST À VOUS
Réponses à vos questions.

18.20 UNE FAMILLE EN OR
Marc et Sophie prennent une décision.

18.50 FORMULE SPORT
Présentation: Mathieu Laurent.

19.40 LA ROUE DE LA FORTUNE
Jeu pour tout le monde.

20.00 JOURNAL

20.25 MÉTÉO

20.30 LA FORÊT DÉCAPITÉE
Les montagnes de l'Himalaya.

21.05 DEMAIN À NEW YORK
Drame de nos jours.

18.00 RUE CARNOT
Feuilleton en cent quatre-vingts épisodes.

18.30 UNE FOIS PAR JOUR
Enquête de la semaine.

19.30 LA SANTÉ D'ABORD
Cette semaine: L'enfant et l'asthme.

20.40 LE GRAND CLOWN

18.03 C'EST PAS JUSTE
Des victimes d'accident.

18.40 JOURNAL RÉGIONAL

19.00 REGARDS DE FEMME
Magazine féminin.

20.10 LA CUISINE POUR TOUS
Aujourd'hui: les spécialités suisses.

21.05 LE TEMPS S'ARRÊTE
Film de science-fiction.

18.20 ENQUÊTE
Documentaire belge.

18.45 QUESTIONS POUR UN CHAMPION
Les masters juniors.

19.25 CINÉ 6
Les nouveaux films.

20.10 FLASH INFOS

20.15 DESTINATION DANGER
Série américaine.

21.00 FOOTBALL
France-Ecosse.

18.00 DESSINS ANIMÉS

18.25 TOP 50

18.50 CULTURE CLUB
Ce qui est O.K. à porter comme vêtements dans les boîtes de nuit. Les parfums des stars.

20.00 SPORT
Tennis, alpinisme, natation, et karaté.

21.20 RÉSERVES NATURELLES EN AFRIQUE
Documentaire.

Qu'est-ce qu'on regarde à la télé?

Ecoute la cassette. Mathilde et Elisabeth parlent des émissions de télévision pour ce soir. Qui aime quoi? Elles sont d'accord sur les émissions à regarder? Quelles émissions vont-elles choisir?

Qu'est-ce que tu aimerais regarder?
Travaille avec un(e) partenaire. Sers-toi des émissions ci-dessus et trouve des émissions pour une soirée qui plaisent à toi et à ton/ta partenaire.

Station service

Talking about rooms and saying where they are

Voici	la salle de bains.	This is the bathroom.
	les WC.	This is the toilet.
	le séjour.	This is the living room.

Ma chambre est	à gauche/droite.	My room is on the left/right.	**144**
	au bout du couloir.	My room is at the end of the corridor.	
	en face.	My room is opposite.	
	à côté.	My room is next door.	

Asking questions

Je peux	téléphoner à mes parents?	May/can I phone my parents?	**141**
	vous aider?	May/can I help you?	
	vous aider à faire la vaisselle?	May/can I help you do the washing up?	

Saying what you think about television programmes

J'aime	les documentaires.	I like documentaries.
Je préfère	les dessins animés.	I prefer cartoons.
Je n'aime pas	les jeux télévisés.	I don't like television game shows.
Je trouve que c'est	ennuyeux.	I think it's boring.
	rigolo.	I think it's really funny.
	intéressant.	I think it's interesting.

entrée libre

1 Mon appartement

RD Regarde ces trois plans d'appartements. Quel appartement correspond le mieux à l'appartement que Myriam décrit dans sa lettre?

> Blaye, jeudi 15 mai
>
> Salut Hélène,
>
> Tu m'as bien demandé de te parler un peu de chez moi. Alors, comme je t'ai déjà expliqué, on habite en ville, près du marché. On a un appartement avec deux chambres – c'est petit mais je l'aime bien. Il y a aussi un séjour confortable à côté de la chambre de mes parents et une petite cuisine entre la salle de bains et ma chambre à moi.
>
> Les WC sont en face du séjour à l'entrée de l'appartement. On n'a pas de jardin, bien sûr, mais le parc est juste en face et on a des magasins à quelques mètres.
>
> Bon, je te quitte. Ne tarde pas à me répondre et parle-moi un peu de chez toi.
>
> Amicalement
> Myriam

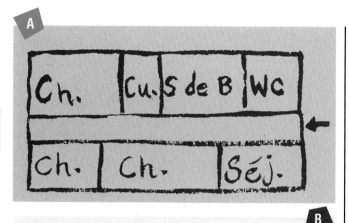

A

Ch.	Cu.	S de B	WC

Ch.	Ch.	Séj.

B

Ch.	Cu.	S de B	WC

Ch.	Séj

C

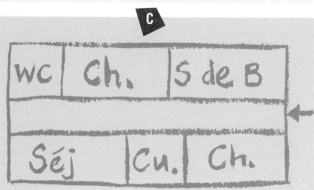

WC	Ch.	S de B

Séj	Cu.	Ch.

1 Ça va dans quelle pièce?

RT Ecris la bonne pièce pour chaque image.

Exemple

1 la chambre

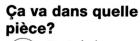

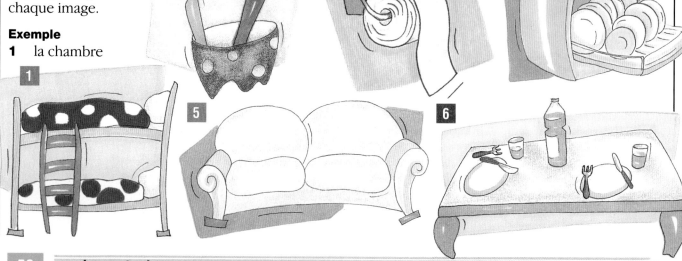

Georges donne un coup de main

RD Relie les textes et les dessins.

Exemple

1 Georges débarrasse la table.

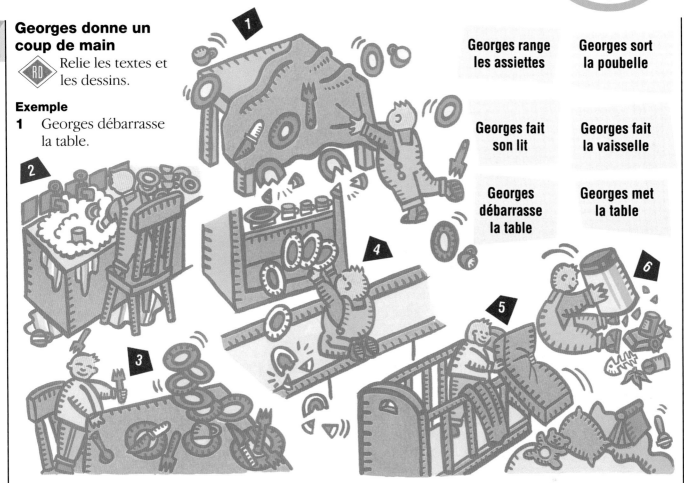

Georges range les assiettes	Georges sort la poubelle
Georges fait son lit	Georges fait la vaisselle
Georges débarrasse la table	Georges met la table

Une question de préférences

A Relis la page 50 et trouve la chaîne, le titre et l'heure de l'émission préférée ce soir pour ces jeunes. Ecris ta réponse dans ton cahier.

Je ne regarde la télé qu'une ou deux fois par semaine. Je trouve ça ennuyeux la plupart du temps. Mais, par contre, j'adore les matchs de foot internationaux.

André

Ma passion ce sont les arts martiaux. Malheureusement on passe rarement des émissions de télé là-dessus. Mais de temps en temps j'ai de la chance. Peut-être ce soir …?

Eliane

Je ne regarde pas souvent la télé. Les films, les feuilletons, le sport, les magazines, ça ne m'intéresse pas du tout. Ce qui m'amuse beaucoup ce sont les jeux télévisés ou les dessins animés.

Serge

J'aime bien les séries et tout ce qu'il y a comme films. Les documentaires? Non, pas tellement, les magazines et les émissions de sport non plus. Mais ce que j'aime surtout, ce sont les émissions humoristiques, soit françaises, américaines, anglaises … Je trouve ça très drôle.

Hussein

Vu et lu

EN FAIT – SI ON FAISAIT LA FETE

La Fête Nationale

Le 14 juillet c'est le jour de la Fête Nationale. Pourquoi les français fêtent-ils le 14 juillet? C'est la date la plus importante du calendrier politique de la France car elle marque l'anniversaire du début de la Révolution française.

Ce jour-là en 1789 la foule parisienne a pris la Bastille, ancienne prison et symbole de l'Ancien Régime des rois et reines de France. Vers la fin de la Révolution, on a guillotiné le Roi Louis XVI et sa femme Marie-Antoinette. Aujourd'hui la France n'a ni roi ni reine comme chef d'état. La France est une république.

Que fait-on pour célébrer la Fête Nationale?

Toutes les fenêtres des bâtiments publiques sont décorées du drapeau tricolore français. On fait un repas spécial et on boit du champagne. On danse - même dans les rues - et on fait des feux d'artifices spectaculaires. A Paris on voit le Président de la République en tête de la Grande Revue, un défilé militaire qui passe sur les Champs Elysées.

janvier

1	2	3	4	5	6	7
8	9	10	11	12	13	14
15	16	17	18	19	20	21
22	23	24	25	26	27	28
29	30	31				

Le Jour de l'An

La Fête des Rois
L'Epiphanie

PROJET Fête

Fais un poster pour annoncer une de ces fêtes du calendrier français – ou bien pour la bi-centennaire de la Révolution française (1789-1989).

février

1	2	3	4	5	6	7
8	9	10	11	12	13	14
15	16	17	18	19	2	
22	23	24	25	26	2	

La Chandeleur

La Fête du Travail

mai

1	2	3	4	5	6	7
8	9	10	11	12	13	14
15	16	17	18	19	20	21
22	23	24	25	26	27	28
29	30	31				

La Saint Nicolas

Noël

La Saint-Sylvestre

décembre

1	2	3	4	5	6	7
8	9	10	11	12	13	14
15	16	17	18	19	20	21
22	23	24	25	26	27	28
29	30	31				

novembre

1	2	3	4	5	6	7
8	9	10	11	12	13	14
15	16	17	18	19	20	21
22	23	24	25	26	27	28
29	30					

La Toussaint

L'Armistice

août

1	2	3	4	5	6	7
8	9	10	11	12	13	14
15	16	17	18	19	20	21
22	23	24	25	26	27	28
29	30	31				

L'Assomption

EN FAIT – SI ON FAISAIT LA FETE

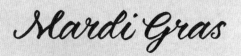

Pour fêter Mardi Gras on mange des crêpes. La pâte à crêpes se fait avec des œufs, de la farine et de la matière grasse. Autrefois on n'avait plus le droit de manger ces produits-là pendant la période du Carême. A Nice notamment on fait un grand carnaval avec des bals costumés et d'impressionnants défilés de chars.

On fête Mardi Gras non seulement en France mais aussi aux Etats-Unis, à la Nouvelle-Orléans, en Louisiane. La Louisiane est une ancienne colonie française. Là aussi, on fait des bals masqués et des défilés du 6 janvier jusqu'à Mardi Gras. Ce jour-là, il y a la célèbre Revue Rex.

Normalement...

Objectif 1

Parler de ta routine matinale

On va au collège demain?

Oui, bien sûr.

On se lève à quelle heure?

Alors, les cours commencent à huit heures. Normalement, je me lève à six heures et demie.

Tu te lèves une heure et demie avant de partir? Mais qu'est-ce que tu fais?

Je fais ma toilette...

Je prends le petit déjeuner vers sept heures moins le quart ...

Je prends le bus à sept heures et quart ...

... et j'arrive au collège à huit heures moins le quart.

Je quitte la maison à sept heures dix.

Mais demain on se lève à sept heures.

Comment ça?

Je vous emmène en voiture. Puis je vais aller à la banque pour régler ton problème d'argent.

Ah, c'est très gentil. Merci madame.

Je t'en prie.

Allez, je vais me coucher.

Moi aussi. Bonne nuit.

Bonne nuit, Alima. Dors bien.

A quelle heure …?

Travaille avec un(e) partenaire. Partenaire A pose des questions et partenaire B répond. Après on change de rôle.

B
Normalement
Pendant la semaine
Plus tard le dimanche,
vers/à

A
A quelle heure
est-ce que tu
quittes la maison?

A
A quelle
heure est-ce
que tu prends
le petit
déjeuner?

B
Normalement
vers/à

A
A quelle
heure est-ce
que tu te
lèves?

A
Comment vas-tu
au collège?

B

B
à
en

A
A quelle heure
est-ce que tu arrives
au collège?

B

Guadeloupe

Rappel

Je	me	lève lave		à	six huit	heures et	quart. demie.
	prends	le	petit déjeuner car				
J'	arrive	au	collège				

Le soleil se lève à cinq heures ... et toi?

Qui dit quoi? Relie les phrases aux images.

Exemple

L'oiseau dit ...

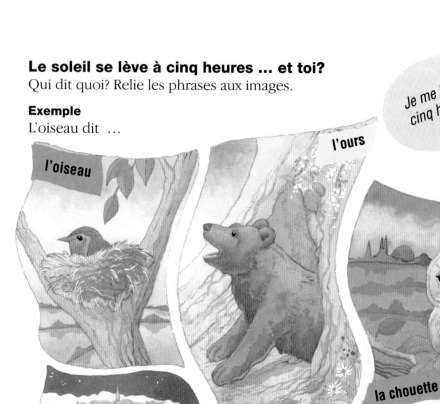

Je me lève à cinq heures.

Je me lève à sept heures du soir.

Je me lève à huit heures du soir et je me couche à quatre heures du matin.

Je me lève le premier avril et je me couche le dix novembre.

Et moi, je me couche à sept heures.

l'oiseau

l'ours

la chouette

la chauve-souris

la souris

Une longue journée

Ecoute la cassette. A quelle heure se lèvent ces quatre personnes? Et à quelle heure se couchent-ils?

Exemple

boulanger: se lève à 4h du matin et se couche à 10h du soir.

musicien

dentiste

boulanger

marchand

Objectif 2

Parler de l'école et des matières

Au collège

Ecoute ces quatre jeunes. Ils sont en quelle classe?

Philippe

Annick

Madeleine

Rachid

Bonjour. Je m'appelle Sylvain. Je vais au collège Louis Pasteur à Strasbourg. J'ai treize ans. Je suis en cinquième.

Bonjour, je m'appelle Awatif. Je suis en sixième et j'ai douze ans.

Les classes

COLLÈGE   âge 11 – 15

3 ème
4 ème
5 ème
6 ème

ÉCOLE PRIMAIRE

LYCÉE

terminale

première

seconde

âge 6 – 11

âge 16 +

ÉCOLE MATERNELLE

âge 3 – 6

Rappel

Je	vais	au	collège Louis Pasteur	à	Strasbourg.
	suis	en	sixième. cinquième. quatrième. troisième.		

Chère Somala

Vrai ou faux?

1. Le lundi à neuf heures et demie, Sophie a un cours de français.
2. Le mardi, elle a deux cours d'anglais.
3. Elle apprend deux langues étrangères.
4. Le samedi, elle a trois cours.
5. Le dernier cours le jeudi, elle a maths.
6. Le dernier cours le vendredi, c'est le français.
7. Elle a quatre cours de maths par semaine.
8. Son premier cours le mardi après-midi, c'est l'anglais.

Rappel

(le) dessin	
(le) français	
(le) sport	
(la) biologie	
(la) géographie	
(la) musique	
(la) physique	
(la) technologie	
(l') anglais	
(l') espagnol	
(l') histoire	
(les) maths	

La Flèche, le 7 avril

Chère Somala,

Tu m'as bien demandé de te parler de mon école. Alors, elle s'appelle Institut Notre Dame. C'est une école catholique. Les cours commencent à 8h15, nous avons une récréation à 10h05 et les cours se terminent à 12h10. On recommence l'après-midi à 13h45. Nous avons une récréation de 15h35 à 15h50. Puis, le soir, les cours se terminent à 16h45. Je trouve que c'est une longue journée. Pas toi?

Le lundi, les cours commencent à 9h10 et il n'y a pas d'école le mercredi. En ce moment, je suis en permanence. J'ai préparé mes cours et j'ai fini mes devoirs et maintenant j'ai le temps de t'écrire. Comment dit-on "permanence" en anglais? Vous avez ça à l'école chez toi? Est-ce que ton école est très différente?

Écris-moi bientôt!

Grosses bises

Sophie

P.S. Je t'envoie aussi une copie de mon emploi du temps et une photo.

	lundi	mardi	jeudi	vendredi	samedi
8h15-9h10		anglais	français	anglais	physique
9h10-10h05	maths	français	sport	catéchisme	espagnol
10h20-11h15	français	sport	anglais	français	maths
11h15-12h10	espagnol	biologie	maths	français/histoire-géo	dessin
13h45-14h40	anglais	anglais	13h15 à 14h40 technologie	sport	
14h40-15h35	permanence	histoire-géo	biologie/physique	éducation civique	
15h50-16h45	musique	espagnol	histoire	maths	

Aperçus d'une journée scolaire

Quel texte correspond à chaque photo?

Exemple
1C

A C'est l'heure du déjeuner. On prend un plateau et on choisit ce qu'on veut. On mange bien à la cantine.

D Aujourd'hui on a un cours de biologie. On étudie les fleurs. On les découpe et on en fait un diagramme dans les cahiers.

B Il est huit heures moins dix. Les cars arrivent devant le collège et tout le monde descend.

E La permanence, ça veut dire qu'on n'a pas cours. On travaille dans une salle particulière avec un surveillant. Les surveillants, ce sont des étudiants, pas des profs.

F A dix heures et quart, on a quinze minutes de récré. On discute, on rigole, on mange ou on boit quelque chose.

C Non, ce n'est pas un cours de géographie. La carte de l'Italie est là parce que notre prof d'histoire parle des Romains.

Objectif 3
Parler de tes matières préférées et des professeurs

Comment trouves-tu le français?

On a posé la question à plusieurs élèves: 'Comment trouves-tu le français? Et les maths …?' Ecoute leurs réponses et suis le texte.

> Je suis nul en sciences.

> Bof, les maths, ça va. Je ne suis pas très fort en maths.

> J'aime bien l'anglais mais … ce n'est pas très facile!

> Le français, ça va. Mais je n'aime pas le prof.

> Le dessin, c'est ma matière préférée. Je suis forte en dessin.

> Je suis faible en géo. Je ne l'aime pas tellement.

Travaille avec un(e) partenaire: pose la question 'Comment trouves-tu …?' à tour de rôle.

Plainte de l'élève

Lun- di ma - tin, neuf heures et de - mie,

Toute la jour - née et plein d'én- er - gie. Re - garde de - hors, comme

il fait beau! Et qu'est-ce qu'on a _____ ? Gé - o!

2 Mardi matin, la vie elle est bonne.
Encore une minute avant que ça sonne.
Pour faire du sport - quel temps parfait!
Et qu'est-ce qu'on a?
Français!

3 Jeudi matin, le ciel il est clair,
Tellement de choses que j'aimerais faire.
Un tour à velo? Que ça serait bien!
Et qu'est-ce qu'on a?
Dessin!

4 Samedi matin, le monde à mes pieds.
Je me sens plein de bonnes idées.
Quel jour super pour un pique-nique!
Et qu'est-ce qu'on a?
Physique!

Jours préférés

Quel est le jour préféré de chaque personne?

Ma matière préférée est la musique. La prof est géniale. Mais je n'aime pas les maths. Le prof me fait super peur.

Edith

Ma matière préférée, c'est l'anglais. J'ai un très bon prof d'anglais. J'adore aussi les sciences naturelles. J'ai un prof très sympa. Mais je n'aime pas l'allemand. Je trouve ça très difficile.

Sakina

La matière que je préfère, c'est les maths. Mais j'aime bien le sport aussi. Je déteste la technologie. J'ai un très mauvais prof.

Rafik

Ma matière préférée est la géographie. Je trouve ça toujours intéressant. Mon prof de géo est super. Mais je déteste la musique. Je ne supporte pas le prof. Il est ennuyeux.

Charlotte

Quel serait ton jour préféré? Pourquoi?

Rappel

Comment trouves-tu Tu aimes	le la l'	français? technologie? anglais?
J'adore Je déteste Ma matière préférée, c'est	le la l' les	dessin. géographie. histoire. maths.
Je suis	fort(e) faible nul(le)	en	biologie. allemand. musique.
Mon prof	de sciences de physique d'espagnol	est	génial. mauvais.
		me fait peur.

Mon jour idéal

Mickaël

Mon jour idéal serait deux cours de sciences, deux cours de technologie et l'après-midi du sport. Rien d'autre.

Jonathan

J'ai déjà un jour de la semaine qui est idéal - c'est le mercredi!

Agnès

Bon, pour commencer j'aurais français, géo, peut-être anglais aussi. Puis après la récré, j'aurais dessin, pour deux heures. Au déjeuner, il y aurait du poulet avec des frites et de la glace à la fraise. Puis l'après-midi, j'aurais encore un cours de français et pour finir, musique. Voilà! Ce serait mon jour idéal.

Comment serait ton jour idéal? Choisis au moins trois matières!

ALPHONSE et...

Station service

Talking about what you do in the morning

Je me	lève à sept heures.	I get up at seven o'clock.	**140**
	lave.	I get washed.	
Je	prends le petit déjeuner.	I have breakfast.	
	vais au collège en car.	I go to school on the coach.	

Saying where you go to school and which class you are in

Je	vais au collège à Eastbourne.	I go to school in Eastbourne.	**139**
	suis en cinquième.	I'm in Year 8.	

Asking questions

A quelle heure est-ce que	tu le lèves?	When do you get up?	
	tu quittes la maison?	When do you leave the house?	
Comment	vas-tu au collège?	How do you get to school?	
	trouves-tu l'anglais?	What do you think of English?	

Talking about school subjects and teachers

Ma matière préférée, c'est	la musique.	Music is my favourite subject.	**143**
J'adore	l'espagnol.	I love Spanish.	
Je déteste	le sport.	I hate sport.	
Je suis	fort(e) en dessin.	I'm good at art.	
	nul(le) en maths.	I'm useless at maths.	
Le professeur de français est	génial!	The French teacher is brilliant!	
J'ai un mauvais professeur	d'anglais.	My English teacher's not very good.	
Mon professeur de biologie	me fait peur.	My Biology teacher frightens me.	

1 Journée typique

(RT) Ecris la lettre en remplaçant les images par les mots.

A toi maintenant. Ecris une lettre avec des dessins. Demande à ton/ta partenaire de remplacer les images par les mots justes.

Paris, le 12 mai

Salut!

Ça va? Dans ta dernière lettre tu m'as demandé de te parler d'une journée typique pour moi. Alors normalement je me lève à ⏰ et je prends le 🍳☕ à ⏰.

Puis je quitte la 🏠 à ⏰ pour aller au 🏫. Généralement, je prends le 🚌. J'arrive au collège à ⏰.

2 Je suis en retard!

(RT) Romain a quel cours aujourd'hui?

(RD) **Trouve l'intrus**

1a	biologie	b	chimie	c	histoire
2a	français	b	anglais	c	géographie
3a	géographie	b	histoire	c	sciences naturelles
4a	musique	b	maths	c	danse moderne
5a	physique	b	maths	c	éducation physique
6a	fort(e)	b	nul(le)	c	faible
7a	technologie	b	dessin	c	sport
8a	espagnol	b	allemand	c	physique

Non-sens

 Trouve l'erreur dans chaque texte.

Moi, je n'aime pas les sciences, mais j'aime bien les maths et la géo. Mon prof de français est très sympa mais je ne suis pas très forte en français. Ma matière préférée, c'est la biologie.

On a quatre cours de technologie par semaine, deux cours de musique et deux cours de dessin. Aujourd'hui, c'est lundi. On a maths, technologie, géographie, éducation physique et français – pas de musique et pas de dessin. On a musique le mardi, le jeudi et le samedi et dessin le jeudi et le vendredi.

Mardi, j'ai deux heures de sport. Après ça, à dix heures et quart, on a histoire avec Mme Arnoulé. L'histoire, c'est ma matière préférée. On a trois cours par semaine. Notre prof nous donne beaucoup de devoirs. Mais il est sympa. Et puis, c'est intéressant.

Je suis nul en anglais. Notre prof, Mme Jaurès, est géniale mais je trouve que c'est très difficile. Moi, je préfère la physique et les maths. J'aime bien l'allemand aussi. Je suis assez fort en maths, en physique, en langues étrangères et en géo.

Une question de scolarité

A Recopie les questions de cet interviewer et donne les bonnes réponses, comme si tu faisais une interview pour un magazine de jeunes.

Exemple

Interviewer : Tu te lèves à quelle heure pour l'école, Nathan ?

Nathan : Normalement, je me lève à sept heures.

- Qu'est-ce que tu prends au petit déjeuner?
- *Comment vas-tu au collège?*
- Tu es en quelle classe?
- *Qu'est-ce que tu as comme cours le lundi?*
- Comment trouves-tu les sciences?
- *Tu as combien de cours de sciences par semaine?*
- Comment s'appelle ton prof d'anglais?
- *Il/elle est sympa?*
- Tu es fort(e) en anglais?
- *Quelle est ta matière préférée?*
- Et ton jour préféré?

VETERINAIRE AU ZOO

Vu et lu

REPORTAGE

Lions, tigres, éléphants, ours, mais aussi aigles, antilopes, flamants roses, babouins… Ce sont les "patients" du docteur Maryvonne Leclerc-Cassan, vétérinaire du zoo de Vincennes, le parc zoologique de Paris. Notre reporter lui a posé quelques questions.

Pensez-vous que tous les animaux ici sont heureux?

Maryvonne Leclerc-Cassan: Je pense que les animaux ne sont pas mécontents de leur vie ici. Ils ne sont pas très stressés.

Mais, pour certaines espèces, comme les grands singes, on peut se poser la question. Dans la nature, ces animaux passent une partie de leur journée à chercher leur nourriture. Ici rien n'est à leur disposition pour remplacer ces occupations.

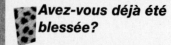

Vous estimez donc que vos "pensionnaires" ne sont pas malheureux?

Vous savez, ils connaissent leurs soigneurs. Ils ont leur rythme de vie, leurs habitudes. Les jours de grève ou de fermeture, ils s'ennuient.

Avez-vous déjà été blessée?

J'ai été blessée par une lionne. C'était une lionne qui avait mauvais caractère, je le savais. Pourtant, je lui ai tourné le dos. C'est le genre d'erreur à ne pas commettre.

Elle a réussi à passer sa patte sous le grillage et elle m'a labouré le dos.

Si je n'étais pas tombée à plat ventre, la face contre la terre, j'aurais été défigurée et serais devenue aveugle. Mais je n'aime pas moins les lions … .

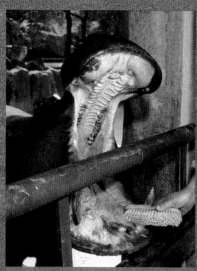

Pélagie, la maman hippopotame, adore se faire chatouiller les dents.

Aujourd'hui Maryvonne Leclerc-Cassan répare avec de la résine polyester le bec de ce marabout.

VETERINAIRE AU ZOO

Les animaux sentent-ils nos intentions?

Ils sentent aussi bien la peur que la force. J'ai vu le chef soigneur faire reculer un éléphant. Cet éléphant avait essayé de le faire tomber. Le chef s'est mis en colère. Il a giflé l'éléphant, et l'éléphant a reculé jusqu'au fond de son box.

Régulièrement Maryvonne Leclerc-Cassan vient soigner les rhumatismes de Pablo, l'okapi.

Parlez-vous aux animaux?

Les animaux sont très sensibles aux sons de la voix. Quand on entre dans une "galerie", on parle toujours sur le même ton, et tout doucement. "C'est nous, n'aie pas peur", "C'est l'heure du repas", "tu es belle"... .

On utilise aussi le langage des bêtes. Moi, je parle tigre, pas trop mal. Ils me répondent par des "freeeee".

Un animal né en captivité perd-il son instinct?

Même à la troisième génération, un lion devient fébrile s'il voit passer une antilope ou un enfant. Il a envie de sauter dessus. Il n'a pas perdu l'instinct. Ce qu'il a perdu, c'est la méthode de la chasse.

C'est pourquoi, on ne peut pas réintroduire directement dans la nature un animal né dans un parc zoologique.

Grâce aux soins qu'il reçoit au zoo, ce flamant rose sera bientôt sur pied.

Liouc, la giraffe, a des problèmes de peau. Son soigneur la lave avec un jet d'eau.

PROJET ZOO

Prépare un dossier illustré sur les animaux en captivité - les pour et les contre.

Les quinze premiers jours

C'est le seize juin. Alima a déjà passé quinze jours chez la famille Heuland. Le séjour se passe bien ... il passe trop vite même! Alima réfléchit sur les quinze premiers jours .... Ecoute la cassette et lis le texte. Ecris le bon ordre dans lequel Alima se rappelle ses visites et excursions.

Objectif 1

Parler d'un séjour

Dimanche matin, j'ai visité le Palais de Versailles.

D'abord, je suis allée au collège avec Nathalie. Le premier matin on a eu deux cours de sciences – ma matière préférée!

Et puis, mercredi dernier, j'ai fait un tour de Paris avec Nathalie et sa mère.

On a fait des promenades dans le parc.

On a rendu visite aux grands-parents de Nathalie à la campagne.

Au Palais de Versailles

Je n'ai jamais vu un palais comme ça – de belles fontaines dans les jardins, de beaux tableaux, d'énormes miroirs. C'est un bâtiment fantastique. Il y avait des touristes partout – des Français, des Britanniques, des Japonais, des Américains, des Italiens ... c'était incroyable !

Le journal d'Alima

Chaque jour, Alima écrit quelques mots sur son séjour à Paris. Voici son journal. Imagine que tu es Alima. Ecris ce qu'elle dit.

Exemple

Vendredi 7 juin = Je suis allée en classe pendant toute la journée. Les professeurs d'anglais et de sport sont super!

vendredi 7 juin
En classe pendant toute la journée! les profs d'anglais et des sports – super! le soir : au restaurant pour fêter l'anniversaire de Madame Heuland. Repas excellent!

samedi 8 juin
Trois heures de cours. L'après-midi : visite sympa

aux grands-parents.

dimanche 9 juin
Toute la journée au Palais de Versailles. Beaucoup de touristes. Jardins extraordinaires.

lundi 10 juin

Rappel

Un jour, Un soir, Samedi dernier,	j'ai elle a on a		visité le Palais de Versailles. rendu visite aux grands-parents.
		fait	un tour de Paris. une excursion à ... un pique-nique.
	je suis allé(e) elle est allée on est allé		à la campagne. au collège.
Il y avait des touristes partout. C'était fantastique.			

Deux jeunes à Paris

Antoine

Jacqueline

Tu te rappelles Antoine et Jacqueline, qui passent aussi un séjour à Paris? (Sinon, regarde la page 33.) Ecoute ce qu'ils disent de leur séjour. Il se passe bien? Qu'est-ce qu'ils ont fait?

Chère maman …

Lis la lettre de Sylvie, et écris une réponse à toutes les questions que sa mère se pose.

Est-elle contente?

Comment est la famille?

Est-ce qu'elle mange bien?

Où est-elle allée?

Qu'est-ce qu'elle a fait?

Qu'est-ce qu'elle va faire encore?

Paris, le 9 juin

Chère Maman,

Je m'excuse de ne pas avoir écrit avant, mais j'ai été très occupée! Tous les jours, j'accompagne Céline au collège. Je vais en classe mais je ne fais pas de devoirs. Le soir on reste à la maison à regarder la télé ou à jouer. Chloé, la sœur de Céline, adore les jeux de société. Ou des fois on va jouer chez une copine. Céline et Chloé sont toutes les deux très sympas.

Monsieur Sabouret est drôle. Lui et les filles partagent le ménage. Des fois c'est lui qui fait le repas du soir, des fois ce sont les filles. Hier, on est allé manger au café. J'ai mangé un steak-frites et une glace. Alors, ne t'inquiète pas - je mange bien!

Mercredi dernier, M. Sabouret m'a emmenée à la poste, où il travaille. Ce n'était pas très intéressant mais après, on a fait une promenade à Paris et j'ai visité Notre Dame et on a pris un bateau-mouche sur la Seine. Dimanche on a rendu visite à la mère de Céline qui habite à 15 km d'ici. Et jeudi prochain, on va peut-être aller à un concert! Alors, tu vois, il ne me reste pas beaucoup de temps pour écrire!

Grosses bises

Sylvie

Ecoute la cassette. Qu'est-ce qu'on a perdu ou laissé dans l'appartement?

Objectif 2 — Préparer pour un départ

J'ai laissé les _____ et mon _____ dans ma chambre.

J'ai perdu mon _____!

Tu as vu mes _____, Nicole?

Nicole

Nathalie

J'ai perdu les _____! Où est la _____?

M. Heuland

Travaille avec ton/ta partenaire: qui a perdu quoi?

Exemple
A – Monsieur Heuland a perdu …?
B – Son portefeuille.
A – Oui.
B – Et Madame Heuland?
A – Elle a perdu ….

Qui a dit ça?
Ces huit phrases sont toutes dans la conversation entre la famille Heuland et Alima – mais dans quel ordre? Ecoute la conversation de nouveau et écris les lettres A, B, C, etc. dans le bon ordre.

A   Qu'est-ce qu'il y a, chérie?
B   Pas de panique!
C   Tout le monde est prêt?
D   Tu l'as laissé traîner, alors je l'ai ramassé.
E   Tu as fait ta valise?
F   En effet, moi aussi.
G   On va se coucher.
H   Tu n'as rien oublié?

En plus, qui dit chaque phrase? Ecris leur nom à côté de la lettre. Par exemple: E = Mme Heuland.

Mme Heuland

J'ai laissé mon _____ dans ma chambre.

Alima

En route

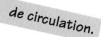

Choisis les bons mots ci-dessous pour finir chaque phrase.

Voilà, c'est marqué – ...

Ferme la fenêtre. On a ...

Attends! La porte ...

Tourne à gauche ...

Tu peux ...

Tu as mis ...

Il y a beaucoup ...

Arrête la voiture vite! Je ...

de circulation.

froid derrière.

la prochaine à droite.

après les feux.

n'est pas fermée!

ne me sens pas bien.

mettre une cassette, papa?

ta ceinture?

ALPHONSE et...

BON, TOUT LE MONDE EST PRÊT?

ATTENDS! JE NE TROUVE PAS MON WALKMAN!

ALLEZ VITE!

ATTENDS! J'AI PERDU MA POUPÉE.

OH! ET MOI, J'AI OUBLIÉ MES LUNETTES DE SOLEIL.

MAIS, C'EST PAS POSSIBLE! À QUELLE HEURE ON VA ARRIVER?!

CA Y EST, JE SUIS PRÊTE

ON PEUT PARTIR!

?!.. HEU..?!!

PA!... LES CLÉS!

DIX FRANCS! ET JE NE DIS RIEN À PERSONNE!

Objectif 3

Parler d'un week-end dans un village de vacances

Au village de vacances

Alima parle du week-end au village de vacances.

On a passé un excellent week-end dans le village de vacances en Normandie.

On est resté dans une petite maison très confortable avec chauffage central, frigo, radio et télé. Il y avait trois chambres. La maison était en pleine forêt près d'un petit lac.

La piscine était fantastique. Elle était sous une gigantesque pyramide transparente. Il y avait des palmiers et il faisait une température constante de 29°C. Il faisait froid dehors, mais ce n'était pas important.

Monsieur et Madame Heuland ont joué au golf. Il y avait un terrain de golf à neuf trous.

Le soir, on a joué au billard américain et au bowling.

On a loué des vélos. Cela n'était pas cher du tout.

Rappel

On est resté dans une maison	près d'un lac. en pleine forêt. au bord de la mer.
Il y avait	une télé. une piscine. un terrain de golf.
Il faisait	froid. beau.
C'était	chouette. ennuyeux.

Mon week-end

Travaille avec ton/ta partenaire. Imagine que tu as passé le week-end dans un village de vacances. Décris ce que tu as fait.

Exemple

On est resté dans une maison avec deux chambres. *Il y avait* une télé. *C'était* à la campagne. *Il y avait* une piscine et *il faisait* beau.

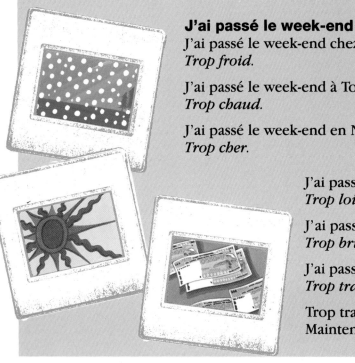

J'ai passé le week-end

J'ai passé le week-end chez toi,
Trop froid.

J'ai passé le week-end à Togo,
Trop chaud.

J'ai passé le week-end en Niger,
Trop cher.

J'ai passé le week-end au Bénin,
Trop loin.

J'ai passé le week-end au Liban,
Trop bruyant.

J'ai passé le week-end à Brazzaville,
Trop tranquille.

Trop tranquille, bruyant, loin, cher, chaud, froid.
Maintenant, je passe le week-end chez moi!

Station service

Talking about trips and excursions you have made

J'ai visité	le Palais de Versailles.	I visited the Palace of Versailles.	**141** ▷
On a	mangé au restaurant.	We ate in the restaurant.	
	fait une randonnée à vélo.	We went for a bike ride.	
	rendu visite aux grands-parents.	We visited the grandparents.	
Je suis allé(e)	à Paris.	I went to Paris.	
On est allé	à la campagne.	We went to the countryside.	

Saying you have lost or left something somewhere

J'ai	perdu mon portefeuille.	I've lost my wallet.
	laissé mon appareil dans ma chambre.	I've left my camera in my bedroom.
Je ne trouve pas	mes clefs.	I can't find my keys.

Asking questions

Où est	la carte?	Where's the map?	**143** ▷
Tu as vu	mes lunettes de soleil?	Have you seen my sunglasses?	
Tu as	mis ta ceinture?	Have you got your seatbelt on?	
Tu peux	mettre une cassette?	Can you put a cassette on?	
Où est-elle	allée?	Where has she gone?	

Saying what things were like

Il y avait	une télé.	There was a TV.	**142** ▷
La piscine	était fantastique.	The swimming pool was fantastic.	
La maison	était en pleine forêt.	The house was in the middle of a forest.	
C'était	chouette!	It was great!	
	ennuyeux!	It was boring!	
Ce n'était pas	cher.	It wasn't expensive.	
Il faisait	froid.	It was cold.	
	beau.	The weather was fine.	

1 Evénements

(RT) Regarde les affiches et lis les textes. Qui est allé où?

Par exemple, Benoît est allé à la grande foire des antiquaires, ou au Grand Cirque de Mexico ou à Aérocity?

C'était formidable! Il y avait beaucoup d'animaux, d'acrobates et de clowns. Après, le samedi soir, on a mangé au restaurant.

Benoît

On y est allé mercredi dernier. C'était super! Il y a toutes sortes d'attractions. Moi, j'ai surtout aimé les simulateurs de vol. A midi, on a mangé au café. On y a passé toute la journée.

Anne-Laure

J'y suis allée avec mes parents. Ils s'intéressent à tout ça. Moi, j'ai visité l'abbaye. C'était assez joli. Mais la foire elle-même était ennuyeuse.

Delphine

1 Ecris une carte postale!

A Imagine que tu es allé(e) à une (ou plusieurs) des attractions ci-dessus. Ecris une carte postale à un copain/une copine pour dire ce que tu as fait. N'oublie pas de dire si c'était bien!

Panique!

(RT) Décode les phrases!

Exemple
1 = Je n'ai pas mon appareil.

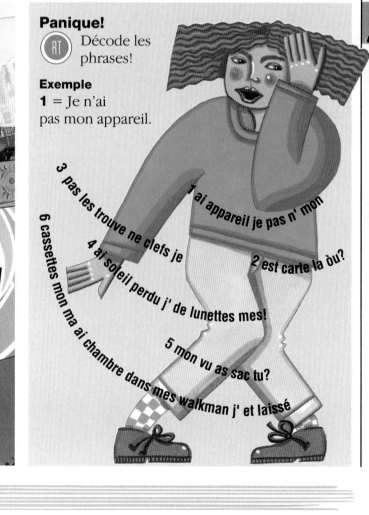

3 pas les trouve ne clefs je

1 ai appareil je pas n' mon

6 cassettes mon ma ai chambre dans mes walkman j' et laissé

4 ai soleil perdu j' de lunettes mes!

2 est carte la òu?

5 mon vu as sac tu?

Excursions désastreuses

 Regarde les images et compose les phrases.

Exemple

Constance a perdu son walkman au parc
d'attractions.

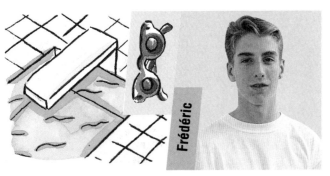

Annette parle d'une excursion

 A Choisis les bonnes phrases d'en bas, recopie
le texte et remplis les blancs.

En avril, je ——— en vacances avec ma famille dans
le sud de la France. On ——— du camping. Un jour on
——— à un fabuleux parc d'attractions qui s'appelle
O.K. Corral. On ——— toute la journée au parc.
——— super! On a payé 65 francs l'entrée et tout
——— gratuit après.

Il y ——— beaucoup de distractions fantastiques.
On ——— très bien ———!

a fait

avait

c'était

était

s'est   a passé

est allé   suis allée   amusé

Vu et lu

ALPHONSE PRESENTE . . .

1. 35 000 ans avant Jésus-Christ. On habitait dans des cavernes et les hommes allaient à la chasse pour trouver à manger. Sur les murs on faisait des peintures d'animaux.

2. 5 000 ans avant Jésus-Christ, les premiers paysans ont dressé des menhirs en Bretagne. Ces pierres énormes étaient certainement les premiers monuments de l'Europe.

3. 500 ans avant Jésus-Christ. Il y avait dix million d'habitants dans la Gaule, un pays composé d'environ 50 peuples. Les Gaulois habitaient de petits villages.

4. 58 ans avant Jésus-Christ. Jules César, un général romain, est arrivé avec son armée. Après dix ans de guerre, la Gaule était romaine. Les Romains ont passé environ 400 ans ici.

5. Après les Romains. Les Francs sont arrivés (il y en avait 20 millions). Ils étaient chrétiens et ils ont donné leur nom à notre pays. Charlemagne était leur roi, couronné empereur à Rome en 800.

6. 1066. Guillaume le Conquérant est allé en Angleterre avec son armée. A Hastings, il a tué le roi Harold au cours d'une grande bataille. On a fait la tapisserie de Bayeux pour raconter l'histoire.

L'HISTOIRE DE LA FRANCE

7. La France a eu 18 rois qui s'appelaient Louis! C'est Louis XIV qui a construit l'immense palais de Versailles. Il aimait la vie de luxe, mais la population était très pauvre et n'était pas heureuse!

8. Mais c'est Louis XVI et sa reine Marie-Antoinette qui ont payé le prix. En 1789 – la Révolution française! On a guillotiné toute la famille royale. La France était une république!

9. Onze ans plus tard, on avait un empereur: Napoléon Bonaparte. Il a réorganisé la France et il a gagné beaucoup de batailles, mais il a fini en exil sur une petite île dans l'Atlantique.

10. 1914–18, la première guerre mondiale. Le traité de Versailles était sévère pour les Allemands vaincus. En 1939, sous Adolf Hitler, ils ont occupé la France. Finalement, en 1945, les Alliés ont gagné.

11. Le Général de Gaulle. Le plus grand leader de la France contemporaine avait une vision de la grandeur de la France comme pays indépendant sur le plan économique, politique et technologique.

PROJET *Histoire*

Et voilà!
Ça c'est l'histoire de la France! Pourquoi pas faire une frise historique pour la salle de classe, avec les périodes et les dates importantes. N'oublie pas de l'illustrer!

7 AU CLUB

Objectif 1

Dire de quel club tu fais partie

Tu fais partie d'un club?
Trouve la phrase qui correspond à chaque photo.

Exemple
Aurélie – Je fais partie d'un club de patins à roulettes.

Tu fais partie d'un club?

Félicité, Congo

David, Suisse

Aurélie, France

Nicolas, Québec

Reto, Suisse

Damien, France

Aude, France

Laetitia, Guadeloupe

- Je fais partie d'un club de natation.
- Je fais partie d'un club de hockey sur glace.
- Je fais partie d'un groupe de théâtre.
- Je ne fais partie d'aucun club.
- Je fais de la danse moderne dans un club de danse.
- Je fais partie d'un club de patins à roulettes.
- Je suis dans une équipe de football américain.
- Je joue dans un groupe de musique.
- Je fais partie d'un club de tennis.
- Je fais partie d'un groupe de scouts.

Fabrice, Guadeloupe

Philippe, Québec

Sondage

On a fait un sondage parmi 75 élèves de 5ème à l'Institut Notre-Dame à La Flèche, petite ville entre Paris et Nantes. On leur a posé la question: 'Tu fais partie d'un club?' Voici les résultats:

Ecris un rapport sur les résultats. Commence par: 'Quatorze font partie d'un club de danse …' etc. Maintenant, fais un sondage dans ta classe, et écris les résultats.

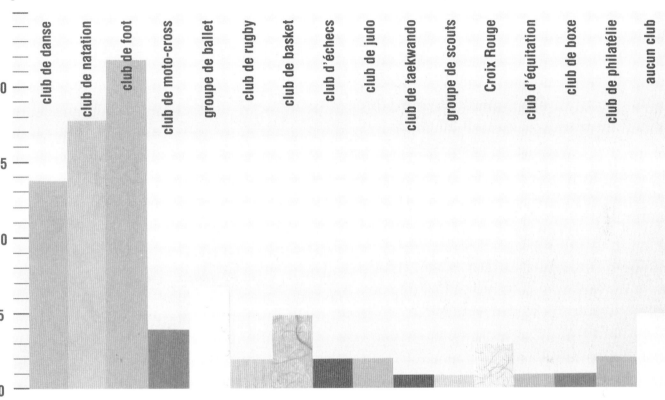

Au nom des loisirs

Recopie le texte et remplis les blancs avec les prénoms qui riment. Voir le cadre à droite.

Je m'appelle _Chantal_. Je fais partie d'une chorale.

Et moi, je suis _____. Je fais partie d'un club de sport.

Mon prénom est _____. Je fais de la danse classique.

Je m'appelle _____. Je fais du patin à roulettes.

Salut! Je suis _____. Je fais du taekwando.

Mon prénom est _____ et je fais de la danse.

Je m'appelle _____ et moi, je fais du basket.

Je suis _____. Je joue au rugby.

Les clubs, les loisirs, ça te dit?

Ou préfères-tu rester au lit?

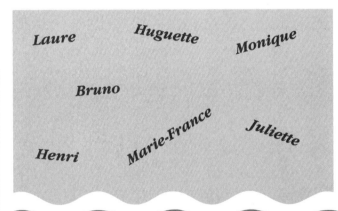

Laure   Huguette   Monique

Bruno

Marie-France   Juliette

Henri

Tu peux écrire d'autres exemples qui riment?

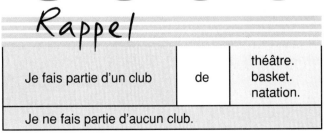

Rappel

Je fais partie d'un club	de	théâtre. basket. natation.
Je ne fais partie d'aucun club.		

Tous les mercredis

Ecoute la cassette et lis le texte.

Nadine, 11 ans

Christophe, 15 ans

Je m'entraîne tous les mardis soirs de 17H 30 à 20 H 30 et le samedi après-midi. Je pratique ce sport depuis cinq ans. Le tennis me plaît parce que c'est un sport individuel et c'est très technique.

Je pratique le taekwando le lundi, le mercredi et le jeudi de 18H 30 jusqu'à 20H. Ça fait un an que je pratique ce sport. Je l'aime beaucoup. Ce n'est pas brutal, mais c'est fatigant.

Nicolas, 13 ans

J'aime le moto-cross et j'en fais depuis l'âge de sept ans. Je m'entraîne le dimanche et pendant les vacances.

Mon père est entraîneur de hockey sur glace. J'ai commencé à trois ans. Je m'entraîne le mercredi et le samedi. Le dimanche, je fais des compétitions. J'adore ce sport. Et en plus, on se fait plein d'amis.

Mathieu, 15 ans

Il y a des cours de danse moderne deux fois par semaine, le lundi et le vendredi. A la fin de chaque année, nous présentons un ballet. J'aime beaucoup la danse moderne. Je la trouve agréable à regarder et à faire. Aussi j'aime écouter de la musique.

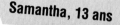

Samantha, 13 ans

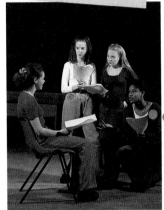

On se retrouve le mercredi après-midi au centre des Arts à Pointe-à-Pitre. On fait des improvisations et aussi on monte des spectacles. Quand on prépare un spectacle, on répète souvent le week-end aussi. Moi, j'adore ça. Je fais partie du groupe depuis deux ans.

Stéphane, 13 ans

Agathe, 12 ans

On est un groupe de vingt scouts de onze à quinze ans. On se retrouve tous les quinze jours pour faire nos activités. Quand il fait beau, on fait du bateau, du camping, des jeux en plein air et de la voile. Ça fait trois ans que je suis scout.

Vrai ou faux?

1   Nicolas joue au hockey sur glace depuis dix ans.
2   Le père de Nicolas l'aide beaucoup.
3   Stéphane se retrouve avec le groupe de scouts une fois par semaine.
4   Mathieu fait du moto-cross depuis huit ans.
5   Agathe aime bien la musique.
6   Nadine pratique le taekwando deux fois par semaine.
7   Christophe pratique son sport une fois par semaine.
8   Samantha a commencé à faire du théâtre à onze ans.

Recopie ces phrases et remplis les blancs.

1   Mathieu s'entraîne _____.
2   Samantha fait partie d' _____.
3   Stéphane est scout depuis _____.
4   Nadine fait partie d' _____.
5   Le club de hockey sur glace se retrouve _____.
6   Christophe joue au tennis depuis _____.
7   Deux fois par semaine, Agathe _____.

Qui suis-je?

Travaille avec un(e) partenaire. Choisis à tour de rôle une personne. Pose des questions pour trouver l'identité de ton/ta partenaire.

Eliane
- lu
- ma
- mer ✓
- je
- ve
- sa ✓
- di

depuis 3 ans

Michel
- lu
- ma ✓
- mer
- je ✓
- ve
- sa
- di

depuis 4 ans

Emilie
- lu
- ma
- mer ✓
- je
- ve
- sa
- di

depuis 2 ans

Serge
- lu
- ma
- mer
- je
- ve
- sa ✓
- di

depuis 2 ans

Yannick
- lu ✓
- ma
- mer
- je ✓
- ve
- sa
- di ✓

depuis 3 ans

Nadine
- lu
- ma ✓
- mer
- je
- ve ✓
- sa
- di

depuis 1 an

Stéphane
- lu
- ma
- mer ✓
- je
- ve
- sa ✓
- di

depuis 2 ans

Stéphanie
- lu
- ma
- mer
- je
- ve ✓
- sa
- di ✓

depuis 3 ans

Mathieu
- lu
- ma
- mer
- je
- ve ✓
- sa
- di

depuis 1 an

Marine
- lu ✓
- ma
- mer
- je
- ve
- sa
- di

depuis 3 ans

Yves
- lu
- ma ✓
- mer
- je ✓
- ve
- sa ✓
- di

depuis 4 ans

Maryse
- lu
- ma
- mer
- je ✓
- ve
- sa
- di ✓

depuis 2 ans

Exemple

A – Tu fais partie d'un club de tennis?
B – Non.
A – Tu fais partie d'un club de basket?
B – Oui.
A – Tu y vas deux fois par semaine?
B – Oui.
A – Tu joues depuis deux ans?
B – Non …
A – Tu es Nadine?
B – Oui.

Rappel

Je m'entraîne On se retrouve	le samedi tous les jeudis			(et le mercredi). (soirs).	
Je pratique	le basket le tennis le judo			une deux trois	fois par semaine.
Je fais	de la danse moderne du basket			depuis	un an. deux ans. l'âge de 8 ans.
Ça fait	un an trois ans	que	je	fais	ce sport. du hockey.
				suis	scout.

La Croix Rouge Française

Cela fait deux ans que je fais partie de la Croix Rouge. Maintenant, je peux donner les premiers soins en cas d'urgence. On participe aussi à des événements sportifs, comme le marathon par exemple, pour ravitailler les coureurs ou secourir les blessés.

Mais ce n'est pas tout. La Croix Rouge est aussi un organisme humanitaire. C'est pourquoi je fais souvent du porte-à-porte pour récolter des vêtements usagés par exemple, qui sont distribués aux pauvres de notre pays ou envoyés dans les pays en voie de développement.

En tout cas, quand on mentionne la Croix Rouge dans les médias, je me sens fière d'en faire partie.

Jennifer

Objectif 3

Discuter les activités

C'est quelle activité?

Lis les textes et devine de quelle activité on parle.

A Il faut beaucoup d'équipement: un casque, des gants, des bottes, un pantalon et un blouson en cuir. Ce sont les choses les plus importantes. Et bien sûr une moto! Mon père paie la majorité des dépenses et répare la moto. On dépense plus de 500 francs par mois.

B Il faut avoir une bonne raquette, des balles, un short ou une jupe et un T-shirt. Cela coûte assez cher. Je paie 200 francs par mois.

C Pour les cours, je mets un collant noir, un maillot de danse ou bien un justaucorps et des chaussons. Pour les galas, on met aussi des costumes.

D J'ai besoin d'un short, d'un T-shirt et d'une paire de baskets, et c'est tout. Ça me coûte rien.

E Ça me coûte pas cher. Je paie 130 francs pour la licence et c'est tout. Je joue avec mes chaussures à crampons, un short et un maillot.

F Je mets un short et un maillot de club. Et mes patins et mon casque naturellement! Le tout ne coûte pas cher. Je paie 103 francs pour la licence et en plus je paie une cotisation de 70 francs au club.

G Il suffit d'avoir un kimono blanc et une ceinture. Il y a cinq ceintures principales: blanche, jaune, bleue, rouge et enfin noire. Cela ne coûte pas cher... 5000 francs CFA le trimestre, ce qui fait 100 francs français.

*En France, si on fait partie d'un club, on paie normalement entre 100F/130F pour une licence et en plus on paie une cotisation annuelle au club.

Maintenant écoute la cassette pour voir si tu avais raison!

Travaille avec un(e) partenaire. Choisis à tour de rôle une activité. Ton/ta partenaire pose des questions.

Tu réponds par 'oui' ou par 'non'. C'est quelle activité?

Exemple

A – J'ai choisi.
B – On met un short?
A – Oui.
B – Il faut avoir une raquette?
A – Non.
B – Il faut avoir une paire de baskets?
A – Oui.
B – Alors, c'est le basket.
A – Oui, c'est ça.

C'est la raquette de Lucien?

Lis ces informations et regarde ce tas d'objets chez les Giraud. A qui sont tous ces objets?

Exemple

C'est la _____ de Lucien.
Ce sont les _____ de Mme Giraud.

Lucien Giraud joue au hockey sur glace et il fait partie d'un club de taekwando.

Anne-Sophie Giraud fait du ballet. Elle fait partie d'un club d'équitation aussi et elle joue du violon.

Mme Giraud fait partie d'un club de tennis et aussi d'un club de bridge.

M. Giraud fait partie d'un club de rugby. Il fait aussi partie d'un club de photographie.

un appareil-photo

une ceinture

des chaussons de danse

des patins

un violon

des cartes

des bottes de cheval

un casque

des chaussures à crampons

des balles

une raquette

Et toi, qu'est-ce que tu as comme équipement pour les sports et les loisirs que tu pratiques?

Ça coûte cher?
Combien dépenses-tu par mois?

Rappel

Je mets On met	un short. une ceinture. des gants.			
Il faut avoir	beaucoup d'équipement. un casque.			
Cela coûte Ça ne coûte pas	très cher.			
Je dépense	cinquante cinq cents	francs	par	semaine. mois. an.

A ton avis

Bien sûr, quand on parle de loisirs, c'est une affaire d'opinion et de goût. Choisis trois sports ou activités. Puis demande à cinq personnes: 'Comment tu trouves le/la ...?' Note leurs réponses.

Est-ce qu'ils sont d'accord?

On fait des comparaisons

Le tennis est plus fatigant que la natation.

Le ballet est plus énergique que la gymnastique.

Tu es d'accord?

Complète ces comparaisons dans ton cahier. Puis compare-les avec les opinions de tes copains.

- Le ski est plus _____ que le football.
- Le cyclisme est plus énergique que _____.
- _____ est plus difficile que le basket.
- Le footing est _____ _____ que le tennis.
- _____ est plus dangereux que _____.
- L'équitation est _____ _____ que _____.

Quiz

C'est quel sport?

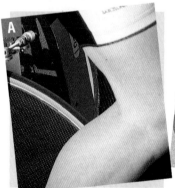

Station service

Talking about club membership

Je fais partie d'un club de	théâtre.	I'm a member of a theatre group.
	natation.	I belong to a swimming club.
Je ne fais partie	d'aucun club.	I don't belong to any clubs.

Talking about dates and times

Je m'entraîne	le samedi.	I train on Saturdays.
	tous les jeudis soirs.	I train every Thursday evening.
Je pratique le judo	une fois par semaine.	I do judo once a week.

Saying how long you have been doing something

Je fais de la danse moderne depuis	un an.	I've been doing modern dance for a year.
	l'âge de huit ans.	I've been doing modern dance since I was 8.
Ça fait un an	que je suis scout.	I have been a scout for a year.

Saying what you wear

Je mets	un short et un maillot.	I wear shorts and a jersey.
On met	un casque et des gants.	You wear a helmet and gloves.

Saying what you need

Il faut avoir	beaucoup d'équipement.	You need a lot of equipment.
	un casque.	You must have a helmet.

Talking about costs and spending

Cela coûte	très cher.	It's very expensive.
Ça ne coûte pas cher.		It's not expensive.
Je dépense	cinquante francs par semaine.	I spend 50F a week.

1 RD Les clubs

1 Qui fait partie du club de foot?
2 Qui fait partie du club de gymnastique?
3 Qui fait partie du club de natation?
4 Qui fait partie du club de rugby?
5 Qui fait partie du club de tennis?
6 Qui fait partie du club d'équitation?

Maintenant recopie ces phrases et remplis les blancs.

1 Christine et Yannick font partie du _____.
2 Nacima et Yannick _____.
3 Sandra et Marilyn _____.
4 Stéphane et Nacima _____.
5 Stéphane et Marilyn _____.

Marilyn

Stéphane

Sandra

squash

danse

ballet

équitation

foot

natation

tennis

scouts

judo

gymnastique

théâtre

basket

Nacima

rugby

Christine

Yannick

2 Interview brouillée

RD Ecris cette interview, en choisissant la bonne réponse pour chaque question.

Tu fais partie d'un club?

Depuis combien de temps?

On se retrouve quand?

Et qu'est-ce qu'on fait exactement?

Qu'est-ce que tu aimes dans ce sport?

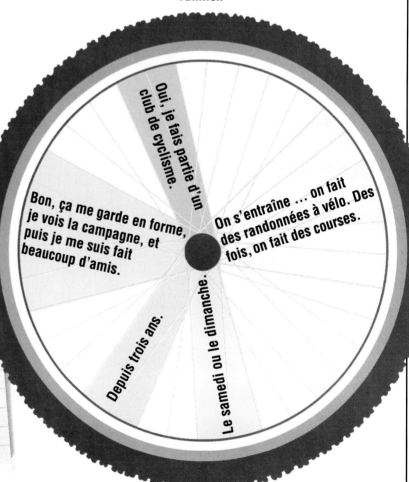

Oui, je fais partie d'un club de cyclisme.

Bon, ça me garde en forme, je vois la campagne, et puis je me suis fait beaucoup d'amis.

On s'entraîne … on fait des randonnées à vélo. Des fois, on fait des courses.

Depuis trois ans.

Le samedi ou le dimanche.

Cherche l'intrus

1a le football   **b** le tennis   **c** le basket   **d** le moto-cross

2a un short   **b** un justaucorps   **c** une raquette   **d** un maillot

3a les chaussures de foot   **b** le ballet   **c** les gants   **d** les patins à roulettes

4a la danse moderne   **b** le ballet   **c** le taekwando   **d** la danse classique

5a le casque   **b** le collant   **c** les chaussons de danse   **d** le justaucorps

A Quelque chose de différent

Pendant un an, tous les mercredis soirs, Chloë a fait une activité 'cirque' au village voisin. Ce soir, amis et parents sont venus voir le spectacle.

Enfin le jour est arrivé, c'est notre première. Le rideau bleu orné d'étoiles, les spectateurs, la musique … bref le spectacle. Nous arrivons un peu en avance pour nous maquiller. Nous savons chacun notre rôle car nous avons répété pendant un mois, mais si par malheur nous faisions tomber un cerceau ou une balle ce serait la catastrophe!

Nous allons bientôt commencer, les gradins sont remplis, les lumières s'allument, la musique s'arrête, le présentateur entre en scène. Il nous appelle chacun à notre tour par notre prénom, nous sommes tous réunis sur scène, puis nous repartons. Je vais vite m'installer derrière mon violon et je commence à jouer. Les clowns entrent en scène, font leur numéro puis repartent sous un tonnerre d'applaudissements. Ainsi de suite, chacun à notre tour, nous passons sur scène. Il y avait beaucoup d'applaudissements, surtout pour le clou du spectacle, une jeune fille qui jongle debout sur une grosse boule en plastique dur. La fin approche, nous saluons le public puis nous partons derrière le rideau. C'est fini, il est tard, nous aidons à ranger le matériel, puis nous partons nous coucher.

Question de sport

Regarde les textes et les photos à la page 82.

1 Quels sports est-ce qu'on fait en équipe?
2 Il faut un casque pour combien de ces sports?
3 Pour quelle activité faut-il un uniforme?
4 Combien de sports est-ce qu'on pratique à l'éxtérieur d'habitude?
5 Lequel est un sport d'hiver?

Imagine que tu es Chloë et réponds à ces questions:

- *Depuis quand fais-tu partie du groupe?*
- *On se rencontrait quand pour cette activité? Et où?*
- *On répétait depuis combien de temps?*
- *Tu as joué d'un instrument de musique pendant le spectacle?*
- *Quel était le premier numéro?*
- *Quel était le clou du spectacle?*
- *Tu t'es bien amusée?*
- *Et tes amis et tes parents, comment l'ont-ils trouvé?*

Vu et lu

LES JEUNES ET LA FORME

Voici une enquête exceptionnelle, réalisée en France par les sociologues de l'Institut National des Sports et de l'Education Physique et de l'Institut de l'Enfance et de la Famille.

Lisez attentivement ce sondage! Vous découvrirez combien le sport passionne les jeunes français!

Ils aiment le sport
Ils font beaucoup de sport: 83% des jeunes âgés de 12 à 15 ans pratiquent un ou plusieurs sports, au moins une fois par semaine, en dehors de leurs cours d'éducation physique et sportive.

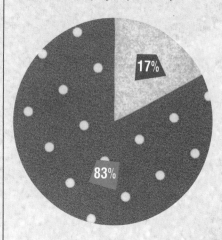

Le palmarès des sports
Tennis, football et cyclisme sont les trois sports préférés. Pourtant, les choix des filles et des garçons sont différents. En général, les jeunes ont les mêmes goûts que les adultes.

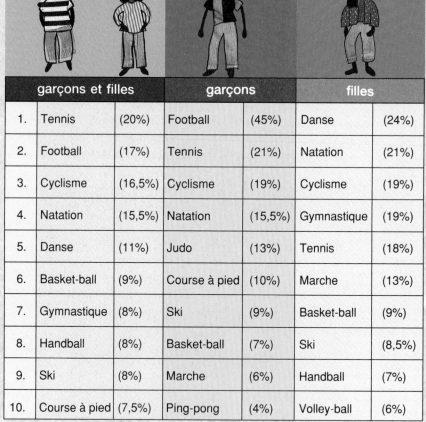

	garçons et filles		garçons		filles	
1.	Tennis	(20%)	Football	(45%)	Danse	(24%)
2.	Football	(17%)	Tennis	(21%)	Natation	(21%)
3.	Cyclisme	(16,5%)	Cyclisme	(19%)	Cyclisme	(19%)
4.	Natation	(15,5%)	Natation	(15,5%)	Gymnastique	(19%)
5.	Danse	(11%)	Judo	(13%)	Tennis	(18%)
6.	Basket-ball	(9%)	Course à pied	(10%)	Marche	(13%)
7.	Gymnastique	(8%)	Ski	(9%)	Basket-ball	(9%)
8.	Handball	(8%)	Basket-ball	(7%)	Ski	(8,5%)
9.	Ski	(8%)	Marche	(6%)	Handball	(7%)
10.	Course à pied	(7,5%)	Ping-pong	(4%)	Volley-ball	(6%)

Ils préfèrent plutôt les sports d'équipe
Près de la moitié d'entre eux (44%) aiment à la fois les sports individuels et les sports d'équipe. Mais 38% préfèrent les sports collectifs, et seulement 14% les sports individuels. Plus ils sont âgés, et plus ils choisissent des sports individuels.

Pour eux, le sport, c'est la forme
Ils font surtout du sport pour être en bonne santé (49%), ou pour rencontrer d'autres personnes (10,5%).

Ils sont très peu nombreux à affirmer que le sport sert d'abord à avoir un beau corps (6%), à être le premier (2%), à devenir célèbre (2%), à être plus fort que les autres (2%), à voyager (1,5%), ou à gagner de l'argent (1%).

LES JEUNES ET LA FORME

Bon régime bonne forme!
Le médecin-sports vous conseille:

Mangez des fruits et des légumes frais, de la salade, des produits naturels.

Evitez les matières grasses: la crème, le beurre, la glace, les frites, les chips.

Ne mangez ni sucre ni produits sucrés. Brossez-vous les dents deux fois par jour.

Prenez soin de votre corps - avant tout ne fumez pas. La vie vaut mieux qu'une bouffée de fumée. Dites non à la drogue, au tabac et à l'alcool.

PROJET *Slogans*

Fais de la publicité anti-drogue, pour la bonne forme et la bonne santé.

Objectif 1

Parler des maladies

C'est le pied!

Regarde ces statues cassées: où est le bras d'Hercule? Aide les gardiens du musée à trouver la bonne partie du corps pour chaque statue.

Exemple

C'est le bras d'Hercule.

Rappel	
la	tête jambe main gorge
le	bras pied nez genou ventre dos
l'	estomac épaule oreille œil
les	yeux

Au suivant!

Ecoute la cassette et identifie les gens chez le médecin.

Exemple

1 = E

Qu'est-ce qui ne va pas?

Regarde l'image ci-dessus. Lis les descriptions des personnes. Qui a quoi?

Exemple

1 Elle a mal à la gorge.

1 La fille aux cheveux blonds.
2 L'homme qui porte des lunettes.
3 Le garçon au jogging noir.
4 Le garçon qui porte des lunettes.
5 La fille au pull rose.
6 Le garçon aux cheveux roux.
7 La femme aux cheveux longs.
8 La femme aux cheveux gris.
9 L'homme au jean.

Rappel

Qu'est-ce	que tu as? qui ne va pas?		
J'ai Il/elle a	mal	à la	gorge. tête.
		à l'	oreille. estomac.
		au	pied. dos.
		aux	yeux. dents.
	la		grippe. diarrhée.

Aïe!
Relie chaque phrase
au bon dessin.

J'étais enrhumé pendant quatre jours.

Pendant tout le voyage, j'avais le mal de mer.

Je me suis coupé le doigt en préparant la salade.

J'ai attrapé un coup de soleil en vacances.

Une guêpe m'a piquée au pied.

Je me suis cassé la jambe au ski.

Un bon conseil
Relie les maladies et les bons conseils.
C'est à toi de décider!

1 J'ai mal aux yeux.
2 Aïe! J'ai mal à l'estomac.
3 J'ai mal aux dents.
4 Je suis enrhumé.
5 Oh là là! Que j'ai mal à l'oreille!
6 Je crois que je me suis cassé le bras.
7 Une guêpe m'a piqué à la jambe.
8 Je ne me sens pas bien.
9 Aïe! Je crois que je me suis cassé la jambe.
10 Que j'ai mal à la tête!

Exemple
– Aïe! J'ai mal au ventre.
– Il faut aller chez le médecin.

Maintenant fais des dialogues avec ton/ta partenaire. Choisis une maladie et cherche un bon conseil.

Il faut aller chez le médecin.

Repose-toi un peu. Va au lit.

Tu veux aller aux toilettes?

AKINDEX

aspirine 500
vitamine C
oberlin

sédacollyre

Tu veux prendre quelque chose?
Tiens, mets cette crème.
Il faut aller à l'hôpital.
Tu devrais aller chez le dentiste.
Tu devrais les laver avec de l'eau tiède.

Quel malheur!

Voici un extrait d'une lettre de Thierry à son correspondant en France. Thierry habite en Afrique occidentale, à Cotonou, au Bénin. Lis l'extrait puis réponds aux questions par 'vrai' ou 'faux'.

Vrai ou faux?

1 Thierry a eu son accident en ville.
2 Il est tombé dans une rivière.
3 Il s'est cassé la jambe en tombant.
4 Ses camarades l'ont amené à l'hôpital.
5 Il ne pouvait pas aller à l'école en bus.
6 Il va mieux maintenant.

Cotonou, le jeudi 10 mars

Salut !

J'ai eu un accident il y a deux mois. J'étais à la campagne avec des amis. On courait quand un de mes camarades m'a poussé dans le dos. Je suis tombé par terre. J'avais mal à la jambe et je ne pouvais pas bouger - ma jambe était cassée ! Immédiatement mes camarades ont téléphoné à mes parents qui sont venus me chercher et m'ont amené à l'hôpital. Je suis resté trois jours au lit - ça me faisait très mal au début. Mais peu à peu, ça allait mieux. J'ai dû aller au collège en taxi à cause de mes béquilles !

Heureusement, ça va mieux maintenant. A part ça …

Ça va mieux?

Voici deux cartes pour souhaiter une meilleure santé. Lis-les et dessine ta propre carte pour un copain/une copine … ou pour Thierry!

Sers-toi de ces expressions, si tu veux:

Salut/Bonjour

Comment vas-tu?

Ça va mieux maintenant?

J'espère que tu vas bien

Remets-toi bien

Remets-toi vite sur pied !

TU AS EU UN ACCIDENT!
Tu as râté un "OBSTACLE,"
YIPES!
Tu as GLISSÉ sur une peau de banane,
WHACK!
Tu t'es ÉCASSÉ le nez,
ou tu t'es EPLANTÉ?

Une classe typique?
Lis le texte. C'est comme ça dans ta classe?
Répète la scène avec des partenaires.

PRENEZ VOTRE LIVRE À LA PAGE 52!

MONSIEUR, J'AI PERDU MON LIVRE.

RECOPIEZ LE TEXTE.

JE NE TROUVE PAS MON STYLO.

MAIS NON, C'EST FAUX!

TU AS VU MA GOMME?

ECRIVEZ DANS VOS CAHIERS.

MINCE, OÙ EST MON CAHIER?

ZUT! J'AI LAISSÉ MA TROUSSE À LA MAISON.

OH! JE N'AI PAS DE CRAYON.

TRAVAILLEZ EN SILENCE! VOUS PERDEZ TOUT, ET MOI JE PERDS PATIENCE!

Poème des objets perdus
Lis ce poème, puis écris toi-même un
poème en remplaçant les mots *porte-monnaie,
sac, clefs, carte d'identité,* et *affaires* par tes
propres mots.

Mon porte - monnaie,
Je l'ai perdu.
Où est - il ?
Tu l'as vu ?

Où est mon sac,
Où sont mes clefs ?
Où est ma carte
d'identité ?

Mon sens de l'humour ?
Je ne le trouve pas.
Je l'avais ce matin
Mais il n'est plus là.

Je ne sais pas quand.
Je ne sais pas où.
J'ai perdu mes affaires,
Ma mémoire - tout !

CARTE NATIONALE D'IDENTITE

Tu as vu mon shampooing?

Regarde la chambre. Fais des dialogues avec ton/ta partenaire. Pose des questions et réponds à tour de rôle pour trouver les objets perdus.

TU AS VU MON SHAMPOOING?

TON SHAMPOOING?... LE VOILÀ, SOUS LE LIT.

Rappel

J'ai perdu		mon maillot.	Le		sur sous dans derrière devant	le tapis. la chaise. le coin. l'armoire. la poubelle.
Où	est	ma montre?	La	voilà		
	sont	mes baskets?	Les		à côté près	du lit. de la porte. de l'appareil.

Objets trouvés

Regarde ces objets trouvés. Qu'est-ce qu'il y a?
Peux-tu les décrire en donnant la marque ou la
couleur?

 Ecoute la cassette. Douze gens ont perdu
des objets. Est-ce qu'on les a trouvés, oui
ou non? Fais attention aux détails!

Tu peux aider ces gens?
Est-ce que leurs objets
sont là? Réponds 'Oui,
c'est là' ou 'Désolé(e),
ce n'est pas là'.

**J'ai perdu un
sac de sport
vert et noir.**

**J'ai laissé mes
baskets blanches dans
le vestiaire. Ce sont
des Nike.**

**J'ai laissé mon
parapluie bleu
dans le café.**

**J'ai perdu une
serviette à rayures
bleues et blanches
et une brosse à
cheveux marron.**

A toi maintenant.
Travaille avec ton/ta
partenaire et choisis à
tour de rôle un objet
perdu. Ecris les détails
et fais un dialogue.

Exemple
A – Madame, j'ai perdu
    ma raquette.
B – C'est quelle
    marque?
A – C'est une Wilson.
B – Désolée. Il n'y en a
    pas comme ça.
A – Merci quand même.

A – Bonjour Madame.
    J'ai perdu
    mes tennis.
B – Comment sont-ils?
A – Bof! Blancs.
    Pointure 36.
B – C'est quelle
    marque?
A – Adidas.
B – Les voilà! Vous avez
    de la chance!
B – Oui, merci Madame,
    au revoir.

Rappel

blanc(he)	bleu clair	bleu foncé	gris(e)	jaune	marron	noir(e)	orange	mauve	rose	rouge	vert(e)	violet(te)	à rayures bleues et noires	à pois blancs	à carreaux rouges	multicolore

Objectif 3

Comprendre et communiquer avec les gens

Cherche correspondant(e)

Lis ces petites annonces à droite et trouve un(e) partenaire pour toi-même ou pour quelqu'un d'autre dans la classe.

Maintenant écris une annonce pour toi-même.

Exemple

Fille dynamique, intelligente, sportive et sympa cherche correspondant(e) intéressant(e), drôle et un peu original(e)!
Jacqueline Smith, classe 8J, St. Martin's School, …

☐ Véronique cherche un correspondant ayant entre 13 et 15 ans, sympa et drôle mais pas idiot, aimant les animaux, la montagne, la mer, les vêtements genre sweat-jeans, et bien sûr les filles!
Véronique Patou, 1148 Bruxelles, Belgique.

☐ Je veux correspondre avec quelqu'un d'assez intelligent mais pas toujours très sérieux, sympa mais pas trop timide et surtout pas trop sportif … comme moi-même! Je suis allergique aux animaux mais je voudrais en avoir. Je n'ai ni ordinateur ni walkman ni disques.
Azzedune Meftah, rue Nouveau, 05105, Batna, Algérie.

☐ J'aimerais correspondre avec un garçon âgé de 13 à 14 ans, pas bruyant mais pas timide, pas trop intelligent mais pas du tout bête, qui aime la danse, le cinéma et la musique. Ecris-moi vite!
Nathalie Beaudouin, rue Boyer, Saint Isidore (Québec).

☐ Beau garçon dynamique et super-cool veut correspondre avec une fille âgée de 12 à 15 ans. Si tu es timide et sérieuse tu n'es pas la bonne correspondante pour moi! Photo, s.t.p.
André Lesard, 87 rue Principale, Mont Saint-Michel, Qc.

C'est un échange en fin de compte!

Lis l'histoire de Myriam et d'Emeline qui font un échange en Espagne. Qu'est-ce qu'elles décident de faire, à ton avis?

Oh comme ça. Tu viens en ville avec moi? Je n'ai rien à faire.

Salut, Myriam, ça va?

Tu rigoles! Je ne vois jamais ma correspondante – elle travaille tout le temps.

Comment trouves-tu la nourriture?

Certains plats sont bons mais, à vrai dire, je n'aime pas la cuisine espagnole.

Quoi! Tu as de la chance – ma correspondante ne me laisse jamais seule. Ça m'énerve.

Chanceuse, toi! J'aimerais bien être tranquille, regarder un peu la télé, me balader en ville.

Moi, si! J'adore ça! Malheureusement, le père de ma correspondante s'amuse à me préparer des plats français.

Ils te parlent souvent en espagnol, les parents?

Il cuisine bien?

Oui, mais je suis venue ici pour apprécier un peu la cuisine espagnole.

Non, pas tellement. Ils travaillent tous les deux puis le soir, ils sont soit trop fatigués soit trop occupés. C'est dommage.

Oh là là, si jamais je pouvais parler plus souvent en espagnol. Qu'est-ce que cela me ferait plaisir!

Tu trouves!? Les miens me parlent tout le temps … et je ne comprends rien.

Pourquoi?

Je ne sais pas … ils ont un accent que je ne comprends pas. Et puis, l'espagnol pour moi, c'est difficile à comprendre.

Ecoute, j'ai une idée. On va retrouver nos correspondantes?

Luisa, Carmen, on a une proposition …

Station service

Talking about illness and injuries

| Qu'est-ce | qui ne va pas? | What's wrong? | **143** |
| | que tu as? | What's the matter with you? | |

J'ai	mal à la tête.	I've got a headache.	**140**
	mal à l'oreille.	I've got earache.	
	la grippe.	I've got flu.	

| Il/elle a | mal au ventre. | He/she has got a stomach ache. | |
| | mal aux yeux. | He/she has got sore eyes. | |

| Je me suis | coupé le doigt. | I (have) cut my finger. | |
| | cassé la jambe. | I (have) broke(n) my leg. | |

Talking about lost property

| Tu as vu | mon sac de sport? | Have you seen my sports bag? | |

| J'ai | perdu mon stylo bleu. | I've lost my blue pen. | **141** |
| | laissé mon parapluie dans le café. | I left my umbrella in the cafe. | |

| Il/elle est | vert(e) et blanc(he). | It's green and white. | |
| | à pois noirs. | It's got black spots. | |

Le/la/les voilà	sous la table	There it is/they are under the table.	**144**
	sur la chaise.	There it is/they are on the chair.	
	dans la poubelle.	There it is/they are in the bin.	

Describing people

Je suis	sportif/sportive.	I like doing sport.	**136**
	optimiste.	I'm an optimist.	
	timide.	I'm shy.	

Il/elle est	gentil(le).	He/she is nice.	
	bruyant(e).	He/she is noisy.	
	intéressant(e).	He/she is interesting.	

1 Ça va faire mal!

RD Que va dire chaque personne au médecin?

Exemple

J'ai mal à la jambe.
ou
Je me suis cassé la jambe.

2 A la piscine

A Choisis la bonne réponse pour chaque question et écris la conversation.

Je peux vous aider?

Elle est comment?

C'était marqué?

C'est quel nom?

Et vous l'avez laissée où?

Vous savez quand?

Attendez. Je vais voir.

C'est celle-ci?

Dans les douches, je crois.

Laurent.

Oui. Mardi après-midi.

Oui.

Merci.

Oui, c'est ça! Merci beaucoup!

Oui. J'ai perdu une trousse de toilette.

Elle est bleue et jaune.

Dans la cour

Voici un tas de cartables laissés dans la cour. Lis le texte: six jeunes décrivent leurs cartables. Lesquels sont là? Lesquels ne sont pas là?

Exemple

Le cartable de Raymond n'est pas là.

> Le mien, c'est bleu, rouge et jaune.
>
> **Natacha**

> Mon cartable est noir et jaune.
>
> **Mohamed**

> Mon cartable est rose et vert.
>
> **Sylvain**

> J'ai un cartable rouge et blanc.
>
> **Raymond**

> **Karine**

> Mon cartable à moi, c'est noir et rose.

> J'ai un cartable noir et vert.
>
> **Hélène**

Qu'est-ce qu'il faut dire?

Regarde les images et choisis la phrase qui correspond à chaque situation.

> Excusez-moi. Qu'est-ce qu'on a dit?

> Je ne comprends pas. Peux-tu m'expliquer ça?

> Je n'ai pas compris. Pouvez-vous parler plus fort?

> Qu'est-ce que ça veut dire?

Objectif 1

Parler avec tes amis

Qu'est-ce qu'on fait?

Ce groupe de jeunes est en train de décider ce qu'ils vont faire. Ecoute la conversation. Quelles sont les propositions et les réactions?

Ça te dirait d'aller au club de jeunes?

As-tu envie d'aller au stade?

Tu veux aller en ville?

Si on jouait au basket?

Si on allait au cinéma?

Si on faisait du vélo?

Réactions

Je n'ai pas envie.
Ça ne me dit rien.
Ça ne m'intéresse pas.
Tu plaisantes!
C'est ennuyeux.

OK.
Oui, d'accord.
Pourquoi pas?

Bonne idée!
Génial!
Chouette!

Rappel

Si on	faisait du vélo? jouait au basket?
Ça te dirait As-tu envie	de faire du vélo? d'aller au stade? de jouer au basket?

Travaille avec ton/ta partenaire: Partenaire A propose une activité, Partenaire B répond.

D'autres raisons

Regarde l'image et la proposition. Puis choisis la bonne réponse.

1

Tu veux promener le chien?

- Non, je dois rester à la maison.
- Non, je vais au cinéma.
- Non, je dois me coucher de bonne heure.

2

Tu veux aller à la plage?

- Non, j'ai trop de devoirs.
- Non, c'est trop loin.
- Non, c'est trop tard.

3

Si on allait au cinéma?

- Non, il fait trop chaud.
- Non, j'ai trop de devoirs.
- Non, c'est ennuyeux.

4

Ça te dirait de venir au club de jeunes avec moi?

- Non, je dois faire les courses.
- Non, je dois laver la voiture de ma mère.
- Non, je dois aller chez mes grands-parents.

5

Tu veux jouer au tennis?

- Non, c'est trop loin.
- Non, c'est trop cher.
- Non, il fait trop froid.

6

Si on faisait du vélo?

- Non, il fait trop chaud.
- Non, je vais à la messe.
- Non, je n'ai plus faim.

7

Tu veux jouer au foot?

- Non, il fait trop froid.
- Non, j'ai trop mangé.
- Non, je n'ai pas assez d'argent.

8

As-tu envie d'aller à la piscine?

- Non, il pleut.
- Non, je suis trop fatigué.
- Non, c'est ennuyeux.

Rappel

Non,	il fait trop	froid. chaud.
	je n'ai pas	envie. (assez) d'argent.
	c'est trop	cher. tard.

Le journal de Julien

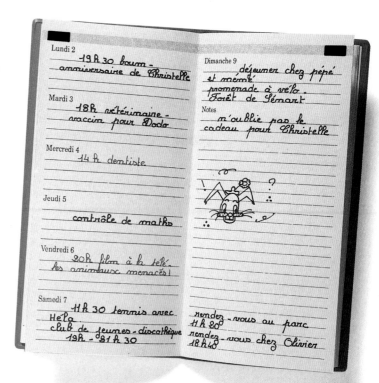

Ecoute la cassette. Est-ce qu'il y a des erreurs sur le journal?

Si ...

Lis ce poème en écoutant la cassette.

Si on faisait des claquettes?
Quoi! Tu es bête!

Ça te dirait d'aller au cinéma?
Oui, pourquoi pas?

Tu veux faire du sport?
Oui, d'accord.

Si on allait au centre commercial?
Oui. Génial!

As-tu envie d'aller chez ma tante?
Bof! Tu plaisantes!

Si on allait au musée?
Oui, bonne idée!

Ça te dirait d'aller chez Nicolas?
Ah non, pas ça!

Tu veux aller voir des amis?
Non, je n'ai pas envie.

Si on jouait au foot avec Mathieu?
Avec Mathieu! C'est ennuyeux!

Si on promenait le chien?
Non, ça ne me dit rien ... Euh, enfin, d'accord.
Tu viens?

Maintenant écris toi-même un poème dans le même style. Tu pourrais l'enregistrer sur cassette.

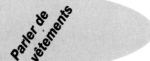

Qu'est-ce que tu mets?

 Henri et Céline parlent de vêtements.
Ecoute la cassette et suis le texte.

– Tu viens ce soir à la boum?
– Oui, bien sûr!
– Qu'est-ce que tu mets?
– Bof, je ne sais pas.
– J'aime bien ton pull bleu.
– C'est trop chaud pour danser.
– La jupe verte te va bien.
– Mais non, elle est trop longue et trop large!
  Je mets ma robe rouge. Et toi?
– Je mets mon pantalon bleu et mon T-shirt éco.

Répète le dialogue avec un(e) partenaire. Choisis d'autres vêtements et d'autres couleurs, si tu veux.

On ne dit pas toujours la vérité

Regarde les vêtements. Qu'en penses-tu?
Que dis-tu à chaque personne?

Exemple

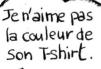

Rappel

A mon avis, Je pense que	le T-shirt la jupe	te va bien.
Mon T-shirt blanc Ton pantalon bleu	est trop	large. long. petit. court.
Ma robe blanche Ta jupe bleue		large. longue. petite. courte.

Un joli numéro

Ecoute la cassette. Regarde le dessin et trouve les jeunes mentionnés.

Exemple

1 C'est Vincent. Il porte un pull bleu …

Mes vieilles baskets

2 Une lettre arrive, j'ai gagné un prix!
Et pour le recevoir, faut aller à Paris.
Quand on demande …

3 Je suis invité chez des gens très chic.
Pour rencontrer le Président de la République.
Quand on demande …

Vêtements chouettes!

 Lis ces phrases. Il y a des sons répétés dans chacune.

Elles sont super chouettes tes baskets. Mais ton pantalon marron est trop long.

Mon frère Albert m'a offert un pullover vert très cher pour mon anniversaire.

Chère tante Louise

Merci pour la chemise grise,

Grosses bises,

Maryse

A toi maintenant. Ecris toi-même des phrases comme ça. Combien de fois peux-tu utiliser les mêmes sons?

ALPHONSE et...

QU'EST-CE QUI NE VA PAS?

T'AS PERDU QUELQUE CHOSE?

C'EST TES PELLICULES QUI T'EMBÊTENT?

NON! C'EST PLUS SÉRIEUX QUE ÇA!

T'AS MAL À LA TÊTE? T'AS MAL AU CŒUR?

NON! TU NE PEUX PAS COMPRENDRE!

C'EST LE TROU DANS LA COUCHE D'OZONE? LES PLUIES ACIDES?

NON! LAISSE MOI TRANQUILLE, JE VEUX ÊTRE SEUL!

BIEN! À PROPOS, MÉLANIE A TÉLÉPHONÉ POUR DIRE...

QUOI, MÉLANIE ?!

ENFIN, ... PAS VRAIMENT. JE VOULAIS VOIR TA RÉACTION.

JE SAVAIS QUE C'ÉTAIT ÇA!

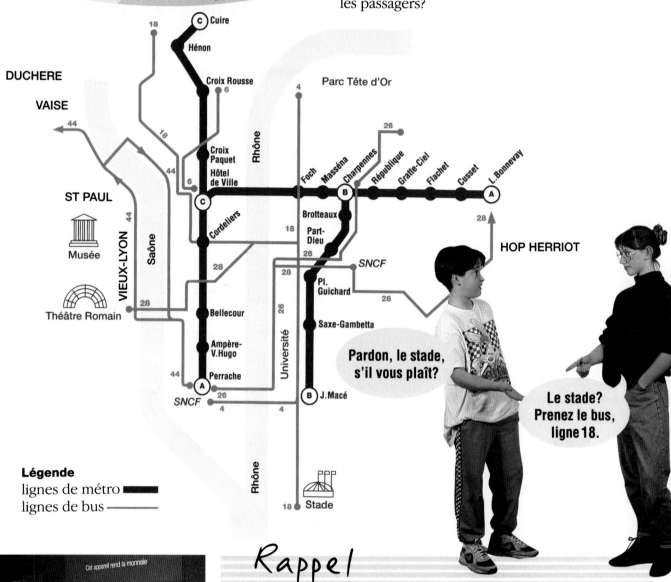

Objectif 3

Prendre le métro et demander où se trouve un lieu

Prenez le métro, ligne A ... ou prenez le bus!

Regarde le plan du métro de Lyon, et écoute la cassette. Quels trajets font les passagers?

Pardon, le stade, s'il vous plaît?

Le stade? Prenez le bus, ligne 18.

Légende

lignes de métro ▬▬▬
lignes de bus ─────

HOP HERRIOT

Cet appareil rend la monnaie

Rappel

Pardon, Excusez-moi,	je vais	à	Flachet. Saxe Gambetta.
		au	stade.
Prenez	la ligne	A, B, C,	direction	Bonnevay. Macé. Cuire.
	le bus,	ligne	dix-huit.
Changez à	Charpennes. Hôtel de Ville.		

Et l'hôpital? Et l'Hôtel de Ville?

Travaille avec ton/ta partenaire. Choisis une station de départ et une destination dans le métro. Puis pose la question et réponds à tour de rôle.

Exemple

A – Je suis ici à Cusset …
Pardon, je vais à Bellecour?

B – Cusset à Bellecour? Prenez la ligne A, direction Perrache.

A – Merci. Au revoir.

C'est par là

Regarde les panneaux et les plans ci-dessous. Quel plan correspond à quel panneau?

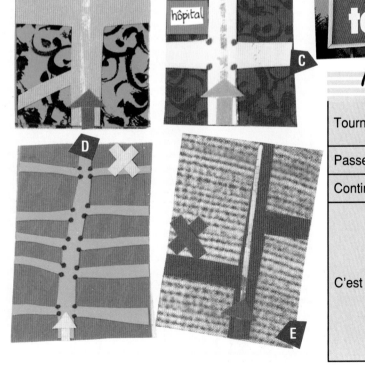

Rappel

Tournez à	gauche droite	au rond-point. après le pont.
Passez devant	l'hôtel.	
Continuez jusqu'aux	feux.	
C'est	dans la rue Constantine. sur votre droite. au coin. en face du cinéma. à côté de la gare. près de l'Hôtel de Ville.	
	juste	avant la poste. après l'Office de Tourisme.

On va à la boum

Henri et Céline vont à la boum de Luc.
C'est où? Ecoute la cassette et suis les
directions.

Station service

Suggesting what to do

Qu'est-ce qu'on	fait?	What shall we do?
Si on allait	au cinéma?	Shall we go to the cinema?
Ça te dirait	d'aller en ville?	Do you fancy going into town?

Accepting and declining suggestions

Je n'ai pas envie.		I don't want to/I don't feel like it. **143**
Ça ne me dit rien.		I don't fancy that at all.
C'est	ennuyeux.	That's boring.
Pourquoi pas?		Why not?
Bonne idée!		Good idea.

Describing clothes

Il porte	un pantalon bleu et une chemise noire.	He's wearing blue trousers and a black shirt. **136**
Elle est en	rouge et jaune.	She's dressed in red and yellow.
Il/elle	te va bien.	It suits you.
Ton T-shirt blanc	est trop long.	Your white T-shirt is too long.
Ma jupe blanche	est trop petite.	My white skirt is too small.

Asking for and giving directions

Excusez-moi.	Pour aller à Bellecour?	Excuse me, how do I get to Bellecour? **142**
Prenez	la ligne A, direction Perrache.	Take Line A towards Perrache.
Changez	à Charpennes.	Change at Charpennes.
La poste,	s'il vous plaît?	How do I get to the post office, please?
C'est par là.		It's that way.
Tournez	à gauche aux feux.	Turn left at the traffic lights. **144**
	en face de la piscine.	It's opposite the swimming pool.
C'est	sur la droite au coin.	It's on the corner to the right.
	à côté du café.	It's next to the café.

entrée libre

1 Qu'en penses-tu?

RD Recopie les phrases et remplis les blancs avec les mots ci-dessous.

Exemple

Si on _____ _____ _____ ?   = Si on jouait au foot?

1 Si on _____ _____ _____ ?

2 Ça te _____ d'aller _____ _____ ?

3 As-tu _____ d'aller _____ _____ ?

4 Tu _____ aller _____ _____ ?

5 Si on _____ _____ _____ ?

faisait   veux   au   envie   tennis
la   stade   vélo   jouait   du   dirait   plage   parc   au
à

Phrases brouillées

RD Débrouille ces propositions.

1
au   as   Tu
d'   envie   aller
centre   ?   sportif

2
regardait   Si
la   télé
on   ?

3
piscine   Ça
d'   dirait
à   te
?   la   aller

4
jeunes   au   veux
club   de
aller   ?   Tu

2 Un T-shirt éco

RT Dessine un T-shirt éco. Sers-toi des slogans à droite, si tu veux:

Exemples

Protégez la forêt!

Sauvez les Eaux!

La guerre. Non merci!

Respirons de l'air frais!

A bas la pollution!

Protégez les espaces verts

Cherche l'intrus

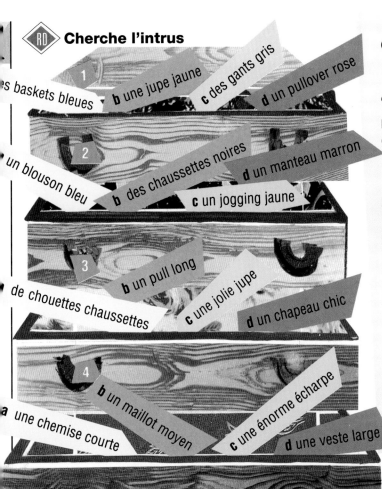

1
...s baskets bleues **b** une jupe jaune **c** des gants gris **d** un pullover rose

2
un blouson bleu **b** des chaussettes noires **d** un manteau marron **c** un jogging jaune

3
de chouettes chaussettes **b** un pull long **c** une jolie jupe **d** un chapeau chic

4
a une chemise courte **b** un maillot moyen **c** une énorme écharpe **d** une veste large

Où est-ce qu'on va?

Regarde le plan de la ville à la page 116, lis le texte et écris tes réponses dans ton cahier.

Exemple

C'est en face de l'hôpital = la pizzeria.

1 C'est dans la rue Constantine, à côté de l'office de tourisme.
2 C'est sur la place du marché, en face de l'Hôtel de Ville.
3 Prenez la route de Poitiers, traversez le pont et tournez à droite.
4 Allez jusqu'au rond-point et tournez à droite après le musée. C'est sur votre droite.
5 Vous êtes à pied? Alors, traversez le jardin public, puis allez tout droit. Vous passez devant l'hôpital, et vous tournez à droite.
6 C'est tout près. A droite, puis à gauche, et c'est sur la droite, à côté de l'Hôtel de France.

le trolleybus

le funiculaire

TCL – Société Lyonnaise de Transports en Commun

A Travaille seul(e) ou avec un(e) partenaire pour expliquer à des touristes britanniques à Lyon le système de transports. Sers-toi d'un dictionnaire et prends des notes.

INFO TCL

Le tarif est unique quels que soient la distance et le mode de transport utilisé (autobus – funiculaire – métro – trolleybus).
● Dès que vous montez dans un bus ou que vous franchissez la 'ligne de péage', d'une station de métro, vous devez oblitérer votre ticket de transport.
● Le **ticket urbain** est vendu, soit à l'unité, soit en carnet de 6 tickets (moins cher) par les conducteurs de bus ou aux distributeurs automatiques, soit en carnet de 20 tickets chez les partenaires TCL et agences et kiosques.
● Le **billet de groupe** est un billet réservé au déplacement collectif d'un groupe 'organisé', constitué d'au moins 10 personnes.
● **Samedi bleu** c'est un forfait qui permet de circuler sans limitation de voyages tout le samedi en vente dans les bus.
● **Arrêts**: Tous les arrêts son facultatifs, faire signe au conducteur.

Vu et lu

LE CALENDRIER DES INVENTIONS

En 1877 TA Edison a réussi à enregistrer sa voix avec le premier phonographe. Dix ans plus tard Emile Berliner a inventé le disque. Avec le développement du jazz entre 1910 et 1920, les phonographes devenaient populaires.

Le Canadien Reginald Fessenden était le premier à transmettre des voix et de la musique par radio. La première radio portable a été créée aux Etats-Unis en 1922. Le récepteur pesait dix kilos et valait 180$. Une fortune à l'époque.

Le walkman a été inventé par le président de Sony en 1979, pour pouvoir écouter de la musique en jouant au golf!

PROJET *Inventions*

Fais un collage sur le développement d'une invention que tu trouves intéressante. Par exemple, la montre, la télévision, l'ordinateur, l'appareil photo.

LE CALENDRIER DES INVENTIONS

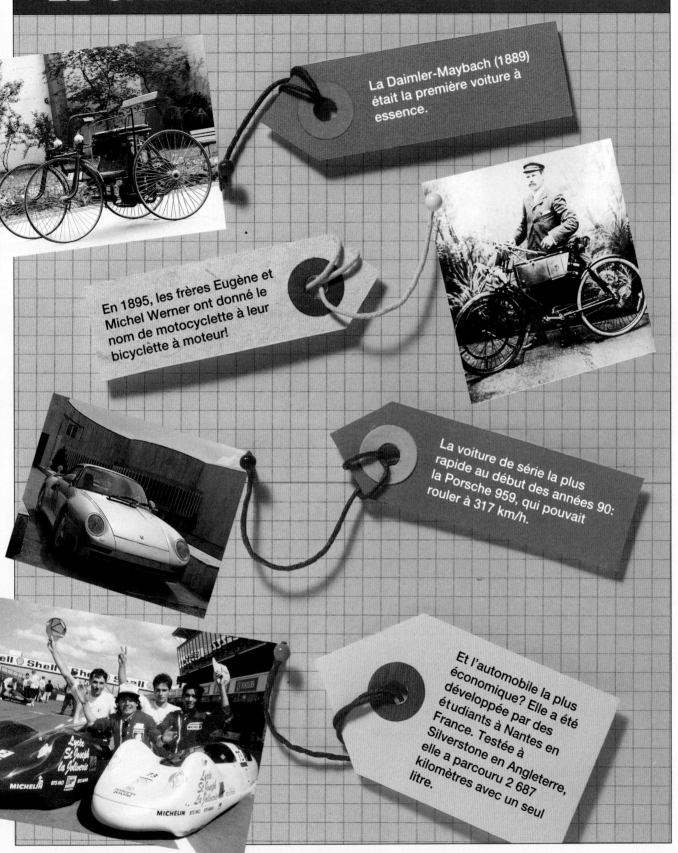

La Daimler-Maybach (1889) était la première voiture à essence.

En 1895, les frères Eugène et Michel Werner ont donné le nom de motocyclette à leur bicyclette à moteur!

La voiture de série la plus rapide au début des années 90: la Porsche 959, qui pouvait rouler à 317 km/h.

Et l'automobile la plus économique? Elle a été développée par des étudiants à Nantes en France. Testée à Silverstone en Angleterre, elle a parcouru 2 687 kilomètres avec un seul litre.

10 BON RETOUR

Objectif 1 — Acheter des cadeaux

Je veux acheter un cadeau

Fais des dialogues avec ton/ta partenaire. Pose les
questions et réponds à tour de rôle.

A
Avant de rentrer,
je voudrais acheter
un cadeau.

A
Pour:
ma mère.
ma sœur.
mon ami(e).
mon frère.
mon père.

B
Qu'est-ce que tu lui offres?

B
Pour qui?

A
Je ne sais pas. Qu'en penses-tu?

A
Non, allons:
en ville.
au marché.
à l'hypermarché.

A
Parfait.
Bonne idée.
Oui, peut-être.
Pourquoi pas?

B
Du chocolat?
Une écharpe?
Une BD?
Un bracelet?
Un poster?
Du papier à lettres?

A
D'accord.

B
On va:
en ville?
au marché?
à l'hypermarché?

A
Non:
ça serait trop cher.
ça serait trop difficile à porter.
il/elle n'aimerait pas ça.

Aucune idée

Ecoute les conversations et note, à chaque
fois, le cadeau proposé, la personne à qui
on va l'offrir et la réaction.

Exemple

à offrir à	cadeau proposé	réaction
mère	écharpe	non – elle n'en porte jamais

C'est pour offrir?

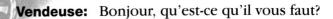

Ecoute les dialogues au magasin de souvenirs et regarde le texte. Après, fais des dialogues toi aussi avec ton/ta partenaire. Commence par changer les mots en rouge.

Florence: Bonjour, Monsieur.

Vendeur: Bonjour, Mademoiselle. Je peux vous aider?

Florence: Ah oui, j'espère bien. Je cherche *un bracelet*.

Vendeur: C'est pour vous ou c'est pour offrir?

Florence: C'est pour offrir. C'est un cadeau d'anniversaire.

Vendeur: Pour votre mère?

Florence: Non, pour *ma sœur*.

Vendeur: Quel âge a-t-elle?

Florence: Elle a *treize* ans.

Vendeur: En voilà un à *cinquante* francs.

Florence: Oui c'est joli. Je *le* prends.

Vendeur: Très bien, Mademoiselle. Je vous fais un paquet?

Florence: Oui, s'il vous plaît.

Vendeur: Voilà. *Cinquante* francs, s'il vous plaît. Merci, Mademoiselle. Au revoir.

Vendeuse: Bonjour, qu'est-ce qu'il vous faut?

Guillaume: Je cherche un cadeau.

Vendeuse: Vous voulez payer jusqu'à combien? *Cinquante* francs? *Cent* francs?

Guillaume: Oh je ne sais pas … jusqu'à *trente* ou *quarante* francs.

Vendeuse: C'est pour qui?

Guillaume: Pour *mon frère* Il a *huit* ans.

Vendeuse: *Une maquette*, par exemple, ou bien *un porte-clefs*?

Guillaume: Il n'aime pas les *maquettes* mais il a une petite collection de *porte-clefs*.

Vendeuse: En voilà *un* par exemple à *vingt* francs.

Guillaume: Non c'est trop *petit*. Vous en avez de plus *grands*?

Vendeuse: Oui … voilà.

Guillaume: Ça c'est mieux. C'est combien?

Vendeuse: *Quarante-cinq* francs.

Guillaume: D'accord, je *le* prends.

Vendeuse: Je vous fais un petit paquet?

Guillaume: Non merci, c'est bon comme ça.

Rappel

Je cherche	un poster. une maquette.
C'est	un cadeau d'anniversaire. combien? parfait. Je le/la prends. trop petit.
Vous en avez de plus grand(e)s?	

J'ai cherché partout

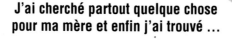 Regarde les images et devine ce que chaque personne a dit. Puis, écoute la cassette pour voir si tu avais raison!

J'ai cherché partout quelque chose pour ma mère et enfin j'ai trouvé …

Pour ma petite sœur, c'était difficile mais je vais lui donner …

Je n'avais pas d'idées, puis ma famille française m'a donné …

Je n'avais plus d'argent. Donc, j'ai acheté …

Je cherchais partout un bracelet pour ma sœur. Mais ils coûtaient tous trop cher. Enfin j'ai trouvé …

Je voulais acheter une cravate pour mon père mais hier, j'ai décidé de lui offrir …

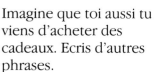

Imagine que toi aussi tu viens d'acheter des cadeaux. Ecris d'autres phrases.

Bon retour!

Samedi matin

Alima part vendredi matin. On organise une boum pour elle jeudi soir. Tu peux venir?

Mardi après-midi

Nathalie, c'est à quelle heure jeu –

Ah, regarde, Alima! Voilà Christophe et Sabine!

Oh, pardon.

Faut pas lui dire! C'est une surprise!

Jeudi matin

Oh là là! Il y a beaucoup de choses dans le frigo.

Ah oui … c'est euh … pour le club de jeunes.

Jeudi après-midi

On fait un tour cet après-midi. Tu veux venir?

Non, je dois me laver les cheveux.

C'est à quelle heure ton vol demain?

A dix heures et demie. Je dois me coucher de bonne heure, alors.

Les voilà! Elles arrivent.

Chut!

Oh là, quelle surprise!

Bon retour!

Bon retour!

Une soirée d'adieu

Ces jeunes vont bientôt quitter la France pour rentrer chez eux. A la soirée d'adieu ils parlent de leur séjour en France. Ecoute la cassette et suis le texte – qui est content et qui est mécontent de son séjour?

– Tu t'es bien amusé?
– Oui, j'ai surtout aimé les visites chez les grands-parents.
– Ah bon. Pourquoi?
– Ils ont un cheval. J'adore ça, faire du cheval.

– Ça s'est bien passé?
– Oui, dans l'ensemble.
– Qu'est-ce qui n'allait pas?
– Je n'ai pas beaucoup aimé la nourriture.

– C'était bien, ton séjour en France?
– Ah oui, c'était extra! J'étais très bien dans ma famille et je m'entendais bien avec ma correspondante.

– Tu te sentais bien dans ta famille?
– Pas tellement. Je préfère rester à la maison.

– Ça s'est bien passé?
– Oui, au début j'étais un peu triste mais après deux ou trois jours, ça allait mieux.

Rien de très grave

Voici quatre jeunes qui décrivent les problèmes qu'ils ont eus pendant leur séjour. Lis les textes, puis écoute les conversations sur la cassette. Quelle conversation correspond à quel texte?

A Je m'entendais très bien avec ma correspondante. Mais une fois, on s'est disputé. Elle voulait quitter une boum après seulement une heure. Et moi, je voulais y rester. Mais ce n'était pas grave. Elle est rentrée toute seule et son père est venu me chercher à dix heures.

B J'avais beaucoup en commun avec mon amie française. On est toutes les deux sportives et on aime toutes les deux sortir avec des copains. Mais, on s'est disputé une fois. Moi, je voulais aller en ville et elle voulait rester dans sa chambre à écouter de la musique.

C Je me sentais très bien dans la famille mais un jour, on a eu des fruits de mer au dîner. Tout le monde était tellement content mais pour moi c'était gênant. J'ai essayé de manger une moule mais j'ai eu envie de vomir.

D Ce qui m'a embêté, c'était le temps. J'adore la campagne, faire du footing, des promenades et tout. Alors là, il a fait tellement mauvais qu'on a dû rester la plupart du temps à la maison. Moi j'ai besoin de respirer de l'air frais!

A toi maintenant! Invente ta propre version!

J'avais beaucoup en commun avec ..... On aime tous/toutes les deux ..... et ..... Une fois on s'est disputé. Il/elle voulait ..... et moi, je voulais ..... A part ça on s'entendait bien.

Maintenant compare ta version avec celle de tes copains/copines.

Qu'est-ce que tu as fait?

Lis cette description d'un séjour chez un correspondant et regarde les photos.

Quelle activité n'est pas résprésentée par une photo?

J'ai passé trois semaines chez mon correspondant à Orléans. Pendant la semaine nous avons regardé la télé, joué avec l'ordinateur et écouté de la musique. Le week-end, on est sorti en famille. On est allé au parc zoologique. Il y avait plein d'animaux sauvages. On est allé visiter les châteaux de la Loire. Ils étaient magnifiques. On est allé à la plage aussi. On a nagé et on s'est bronzé.

 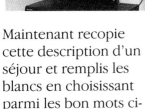  

Maintenant recopie cette description d'un séjour et remplis les blancs en choisissant parmi les bon mots ci-dessous.

J'ai passé mes vacances d'été en _____ chez ma correspondante. Je me suis bien _____. On est allé à une _____ où j'ai gagné une _____! On a passé beaucoup de temps dans le _____ ou on a _____ au badminton et aux _____. Un week-end, on est _____ à Paris et une autre fois on a _____ quelques jours chez les _____.

allé   amusée
joué   boules
jardin
passé   Belgique
grands-parents
foire   peluche

Rappel

Tu t'es bien amusé(e)?		
Ça s'est bien passé, C'était bien,		ton séjour en France?
J'ai surtout aimé les visites.		
J'avais beaucoup en commun Je m'entendais bien	avec	mon correspondant. ma correspondante.
Je préfère rester à la maison.		

Un séjour à St Petersbourg

J'étudie le russe depuis deux ans et l'année dernière notre professeur de russe a organisé un échange avec un collège à St Petersbourg. Seize élèves de mon collège ont fait partie de l'échange. On était logé dans des familles.

Tout le monde habitait des immeubles et les appartements étaient souvent miniscules; 9m² par personne. Mais ça ne posait pas beaucoup de problèmes. Dans ma famille par exemple, la grand-mère habitait aussi dans l'appartement et il y avait même un grand chien.

Ce qui était difficile en Russie était de bien manger. Les fruits et les légumes coûtaient très cher. On servait du concombre à presque tous les repas, car il était à un prix abordable.

Les voitures coûtaient très chèr et les familles utilisaient beaucoup les transports en commun pour se déplacer. Il y avait toujours plein de monde dans le bus et dans le métro. Les bus étaient souvent en très mauvais état mais les stations de métro étaient magnifiquement décorées.

St Petersbourg est une ville de paradoxes. D'un côté, il y a des palais magnifiques, des musées superbes et beaucoup d'autres bâtiments incroyables; et de l'autre côté, les russes habitent dans de très petits appartements et à mon avis, ne mangent pas très bien.

Lis le texte, recopie les phrases et remplis les blancs avec les mots dans le cadre à droite.

1. _____ le russe depuis deux ans.
2. _____ un an notre professeur de russe a organisé un échange.
3. On était _____ dans des familles.
4. Les appartements étaient souvent _____.
5. Le concombre n'était pas _____.
6. Il y avait toujours _____ de monde dans le métro et dans le bus.
7. Il y a des palais _____.

beaucoup   j'apprends
superbes   cher
il y a
très petits   hébergé

Tu voudrais revenir?

Voici un groupe de jeunes français qui reviennent d'un séjour à l'étranger. Ils sont en train de parler de leurs impressions de la visite. Qui a eu la meilleure expérience à ton avis?

Tu voudrais revenir?

Oui, bien sûr. On m'a déjà invité.

Oui, c'était super!

Oui, je voudrais bien. J'ai beaucoup aimé ce séjour.

Non, je ne pense pas. Je préfère aller en Italie.

Oui, peut-être. Mais pas l'année prochaine.

Bien sûr, j'ai beaucoup de copines britanniques maintenant.

Au revoir

Ecoute la cassette. Ces gens se disent au revoir. Dans quel ordre est-ce qu'on dit ces expressions? Recopie les expressions, puis écris 1, 2, ou 3, etc à côté de chacune.

Au revoir tout le monde.

Si tu as oublié quelque chose, on te l'envoie.

Nos amitiés à tes parents et à ton frère.

Bon retour.

Merci bien pour tout!

Bon voyage.

Au revoir, chéri(e).

Salut. Au mois d'avril!

Fais-moi un grand bisou.

Lettre de remerciement

Alima a écrit cette lettre en arrivant chez elle. Ecris ce qu'elle dit au sujet:

a des excursions.
b de la nourriture.
c de la famille.
d des grands-parents.
e des amis de Nathalie.
f de son retour au Sénégal.

A toi maintenant. Imagine que tu viens de revenir d'un séjour chez un(e) correspondant(e). Ecris ta propre lettre de remerciement basée sur celle d'Alima. Invente les détails toi-même.

143 rue M'Baké Tandiang
Dakar
Sénégal

Dakar, le 20 juin

Chers amis,

Quelques lignes pour vous remercier infiniment de mon merveilleux séjour chez vous. Je suis arrivée chez moi à 17 heures, sans problèmes. Mes parents m'attendaient à l'aéroport et voulaient tout de suite savoir tout ce que j'avais fait chez vous. Je leur ai parlé de votre hospitalité, de la gentillesse de Nicole qui m'a prêté sa chambre, de notre visite chez les grands-parents et du gâteau qu'ils avaient préparé pour moi. Mes parents meurent d'impatience de voir les photos de vous tous et de Versailles et de Paris.

J'étais contente de pouvoir aller à ton collège, Nathalie et d'y rencontrer tes amis qui sont très sympas. C'était chouette de les revoir tous à la boum que vous avez organisée pour mon départ. C'était vraiment super et une telle surprise.

Encore mille fois merci d'avoir résolu mes problèmes de chèques de voyage, Mme Heuland. Nathalie et Nicole, si vous avez envie de venir un jour chez moi à Dakar, je serai ravie de vous revoir.
Merci encore une fois.
Grosses bises,

Alima

PAR AVION
AIR MAIL

Station service

Asking and talking about buying presents

C'est	**pour offrir?**	Is it a present?
Je voudrais	**acheter un cadeau.**	I'd like to buy a present.
Je cherche	**quelque chose pour mon père.**	I'm looking for something for my father.
Je vais	**regarder au marché.**	I'm going to look in the market.

Talking about a stay or an exchange visit

Tu t'es	**bien amusé(e)?**	Did you have a good time?	**141**
Oui, j'ai surtout aimé	**les visites chez les grands-parents.**	Yes, I especially enjoyed visiting their grandparents.	
Ça s'est	**bien passé?**	Did it go well?	
Oui,	**dans l'ensemble.**	Yes, on the whole.	
Je m'entendais bien avec	**mon/ma correspondant(e).**	I got on well with my partner.	**142**
C'était	**extra!**	It was brilliant!	
J'étais	**très bien dans ma famille.**	I liked the family I was with.	
Qu'est-ce qui	**n'allait pas?**	What went wrong?	
Au début,	**j'étais un peu triste.**	I was a bit sad at first.	
Ce qui m'a embêté(e)	**c'était le temps.**	What got me down a bit was the weather.	

Saying farewell and wishing someone a good return trip

Au revoir,	**bon voyage.**	Goodbye, have a good trip.
Salut.	**Au mois d'avril!**	'Bye – see you in April.
Nos amitiés à	**tes parents.**	Regards to your parents.
Merci bien	**pour tout.**	Thanks for everything.

1 Quelle surprise!

Lis les indices et trouve les cadeaux.

Exemple
1 le bracelet

Il y a un ruban rose sur le paquet avec les boucles d'oreilles. ○

Il y a un ruban bleu sur le paquet avec le vase. ○

Il y a un ruban jaune sur le paquet avec le bracelet. ○

Le vase est à droite du bol à café. ○

La boîte de chocolats est à gauche du bol à café. ○

1 Vendeur ou cliente?

Lis ces phrases. Que dit le vendeur et que dit la cliente? Dresse deux listes.

Exemple
Vendeur

Cliente
Vendez-vous des maquettes?

C'est un cadeau pour ma sœur.

Ça coûte combien?

C'est un peu cher!

Vous avez la même chose en bleu?

Je vous fais un petit paquet?

Je cherche un bracelet.

Ça fait douze francs.

Je le prends.

C'est pour offrir?

Vous cherchez quelque chose?

Il faut encore deux francs.

2 C'est grave

Lis les petits problèmes de ces jeunes. Dresse une liste commençant par le plus grave, à ton avis, et en finissant par le moins grave.

Exemple
A mon avis, le problème de Pierre était le plus grave.
Ensuite le problème de …
Ensuite …
Finalement …

Séverine
Ma partenaire se disputait toujours avec ses parents.

Mamadou
Je ne pouvais pas manger la viande. C'était horrible!

Hélène
Il a fait très très chaud. J'ai eu un coup de soleil.

Mohamed
Il y avait des animaux partout dans la maison. C'était sale. Mon partenaire voulait toujours regarder les émissions de sport à la télé.

Nadia
J'ai eu la diarrhée.

Pierre
Il a beaucoup plu. On ne pouvait pas sortir.

Jean-Claude
Mon partenaire ne voulait jamais sortir.

On a fait beaucoup

(RT) Recopie ces phrases en remplaçant les dessins par les mots à droite.

marché   magasins   piscine   musique   chien
centre sportif   télé   vélo   Tour Eiffel   club de jeunes

1   On est allé deux fois à la . Et aussi on a fait les en ville.

Normalement le soir, on regardait la ou écoutait de la .

2   Tous les soirs, on promenait le et les week-ends, on faisait du

à la campagne. On est allé une fois à la .

3   Je suis allé deux fois à un dans une ville à vingt kilomètres de chez nous.

C'était superbe! Aussi, on est allé à un et à un .

Bon retour

(RT) Fais un pin's d'adieu en utilisant les expressions à la page 129.

Problèmes d'imprimerie

(RD) L'imprimante ne marche pas. Recopie et complète la lettre à la main.

Chers amis,

Je vous écris pour v\\\ remercier de mon merveilleux sé\\\ ch\\\ vous. Je s\\\ arrivé ch\\\ moi à 22 he\\\. Ma mè\\\ m'attendait à la ga\\\. Je lui ai beaucoup parlé de votre hospit\\\.

Mer\\\ encore pour t\\\.

Grosses b\\\ *Alain*

Part 1   Nouns

Nouns are words we give to people, places or things. Words like sister, football stadium and chewing gum are all nouns.

There are two groups of nouns in French: masculine and feminine.

Singular

A singular noun is used when we are talking about one person, place or thing:

I have a *boyfriend.*
The *town* has a *swimming pool.*
He has a *motorbike.*

Plural

A plural noun is used when we are talking about more than one person, place or thing:

Rock stars love publicity.
There are a lot of *shops* in this town.
Cars cost a lot of money.

As you can see, for plural nouns in French you usually add on an **-s**, as in English. But in French the **-s** is not normally pronounced.

Singular	Plural
crayon	crayons
livre	livres
cahier	cahiers

Part 2   The definite article

How to say 'the' in French. There are four ways:

le for masculine nouns

le	livre
	crayon

la for feminine nouns

la	page
	cassette

l' for feminine and masculine nouns beginning with a vowel or 'h'

l'	été
	heure

What are vowels?
Try to find out, if you can't remember.

les for all nouns in the plural

les	chaises
	oranges

If you want some practice using the definite article, ask your teacher for exercise 1 on copymaster 91.

Part 3   The indefinite article

How to say 'a' or 'an' in French. There are two ways:

un for a masculine noun

un	vélo
	cadeau

une for a feminine noun

une	porte
	voiture

If you want some practice using the indefinite article, ask your teacher for exercise 2 on copymaster 91.

Part 4   The partitive article

How to say 'some' or 'any' in French.

For singular nouns there are three ways:

du for masculine nouns

Encore du	café?
	lait?

de la for feminine nouns

Tu veux	confiture?
de la	soupe?

de l' for masculine or feminine nouns beginning with a vowel or 'h'

Tu veux	eau
de l'	oignon?

For plural nouns there is only one way:

des for all nouns

Tu as des frères et des sœurs?
Elle porte des baskets bleues.

If you want some practice using the partitive article, ask your teacher for exercise 3 on copymaster 91.

Part 5 Quantities

How to say a container (eg a tin), weight (eg one kilo), or a measure (eg one metre) of something.

In French you use a container/weight/measure + **de** (**d'** for nouns beginning with a vowel or an 'h') + noun.

un bol un kilo un mètre	de	chocolat tomates tissu
un verre	d'	eau

If you want some practice using the partitive article and expressions of quantity, ask your teacher for exercise 3 on copymaster 91.

beaucoup de/d' = a lot, many

beaucoup de	choses à faire
beaucoup d'	amis

plein de/d' = lots of

Il y a	plein d'	activités pour les jeunes.

trop + adjective = too

C'est		loin.
Je suis	trop	fatigué(e).
Il fait		chaud.

trop de/d' + plural noun = too many

J'ai	trop de	devoirs.
Il y a		voitures.

trop de/d' + singular noun = too much

Il y a	trop de	fumée.

trop + verb = too much

J'ai	trop	mangé.

tant de/d' + noun = so much, so many

Il y avait	tant de	choses à faire.

(pas) assez = (not) enough

Je n'ai	pas assez	d'argent.
Il n'y a		de poubelles.

il manque des + plural noun = there is a shortage or lack of

Il manque des	associations sportives.

plus de/d' + noun = more

Il y a	plus de	films à la télé chez nous.

Part 6 Pronouns

Pronouns are used to save time when you are speaking or writing. For example, instead of repeating the name 'Robert' when you've already mentioned him, you can use **il** instead:

Mon copain s'appelle Robert. <u>Il</u> habite à la Guadeloupe. <u>Il</u> a deux sœurs et un frère.

Il is a personal pronoun because it replaces a person. You have already met many others: **je**, **tu**, **elle**, **nous**, **vous**, **ils** and **elles**.

Check on their meaning and how and when to use them.

Direct object pronouns: 'le', 'la', 'l'' and 'les'

These also save time when you need to say 'him', 'her', 'it' or 'they'.

Mon copain Robert habite à la Guadeloupe.
Je <u>le</u> vois pendant les vacances.

My friend Robert lives in Guadelope. I see *him* in the holidays.

La glace? Ah oui, je l'adore.

Ice cream? Yes, I love *it*.

Lis les noms et les adresses et relie-les.

Read the names and addresses and join *them* up.

If you want to practise using direct object pronouns, ask your teacher for exercise 4 on copymaster 91.

Indirect object pronouns: 'me', 'te', 'lui', 'nous', 'vous' and 'leur'

Similar to direct object pronouns above, these are used when you are talking about doing something *for*, or sending or giving something *to* someone.

Tu lui offres un cadeau?

Are you buying a present *for him/her?*

Je leur envoie une carte postale.

I'm sending *(to) them* a postcard.

Ça me plaît.

I like that. (That is pleasing *to me*).

Je t'envoie une photo.

I'll send *(to) you* a photo.

Relative pronouns

Instead of using two sentences, you can join two ideas together using **qui**, meaning 'who'.

La fille là-bas. Elle porte un short vert.

could be linked like this:

La fille qui porte un short vert...

Part 7 Adjectives

Adjectives are words which describe someone or something:

She's *sad*.
He's *French*.

Most adjectives have a different masculine and feminine form. Usually, the feminine form is slightly longer and the ending is pronounced.

The most common pattern of adjective ending is as follows:

masculine singular -	le petit village
feminine singular -e	la petite ville
masculine plural -s	les petits villages
feminine plural -es	les petites villes

Adjectives following this pattern:

bleu	génial
blond	grand
bruyant	intéressant
court	pollué
fort	vert

See how many others you can find that follow the same pattern.

Some adjectives follow a slightly different pattern. There is no extra ending for the feminine singular and **-s** for both plurals:

masculine singular -	l'appartement moderne
feminine singular -	la maison moderne
masculine plural -s	les appartements modernes
feminine plural -s	les maisons modernes

Adjectives following this pattern all end in **-e**:

agréable	jeune
calme	malade
difficile	propre
énorme	rouge
facile	triste

See how many other adjectives you can find ending in **-e**.

Some adjectives end in **-x** in the masculine singular. This is the pattern they follow:

masculine singular **-**	le gâteaux délicieux
feminine singular **-se**	la tarte délicieu<u>se</u>
masculine plural **-**	les gâteaux délicieux
feminine plural **-ses**	les tartes délicieu<u>ses</u>

Here are some more examples:

dangereux	merveilleux
heureux	sérieux

How many others can you find?

The position of adjectives

Most adjectives go after the noun they describe:

le film français
la jupe blanche

The following adjectives go in front of the noun they describe:

beau	joli
gentil	petit
grand	premier
jeune	vieux

la jeune fille
la grande maison
le petit garçon
le vieux concièrge

If you would like to practise using adjectives, ask your teacher for exercise 5 and 6 on copymaster 91.

Comparative adjectives

When you want to compare two people, places or things, use **plus** + adjective + **que**.

Il est	plus jeune que	moi.
Jersey est	plus touristique qu'	Avranches.
Elle est	plus petite que	ta sœur.
Ton frère est	plus grand que	moi.
Les vidéos sont	plus populaires que	les livres.

There are only two words which do not follow this pattern: **bon** (**meilleur** = better) and **mauvais** (**pire** = worse).

Ce disque est bon mais l'autre est meilleur.

Possessive adjectives

How to say 'my', 'your', 'his', 'her', 'our' and 'their'.

My: 'mon', 'ma' and 'mes'

Use **mon** for masculine, singular nouns or before any singular nouns beginning with a vowel or 'h'

mon	stylo frère ami

Use **ma** for feminine, singular nouns

ma	cassette sœur

Use **mes** for all plural nouns

mes	frères sœurs amis

Your: 'ton', 'ta' and 'tes'

Use **ton**, **ta** or **tes** when you are talking to a friend or relative.

Use **ton** for masculine, singular nouns or before any singular nouns beginning with a vowel or 'h'

ton	cahier village appartement

Use **ta** for feminine, singular nouns

ta	robe maison

Use **tes** for all plural nouns

tes	baskets amis

Your: 'votre' and 'vos'

You use **votre**, or **vos** when you are speaking to a group of people or to someone who is not a friend or relative.

Use **votre** for all singular nouns

votre	appartement maison

Use **vos** for all plural nouns

vos	frères sœurs

His/her/its: 'son' 'sa' and 'ses'

Use **son** for masculine, singular nouns

son	oncle
	ami

Use **sa** for feminine, singular nouns

sa	tante
	chambre

Use **ses** for all plural nouns

ses	vacances
	devoirs

Son, **sa** and **ses** can all mean 'his', 'her' or 'its'. In French there are not separate words for 'his' and 'her'.

Son ami could mean *his* friend or *her* friend. **Sa chambre** could mean *his* bedroom or *her* bedroom.

Our: 'notre' and 'nos'

Use **notre** for all singular nouns

notre	village
	ville

Use **nos** for all plural nouns

nos	copains
	copines

Their: 'leur' and 'leurs'

Use **leur** for all singular nouns

leur	père
	mère

Use **leurs** for all plural nouns

leurs	parents
	tantes

If you want to practise using possessive adjectives, ask your teacher for exercise 7, 8 and 9 on copymaster 91.

Demonstrative adjectives

You use demonstrative adjectives to say 'this', 'that', 'these' or 'those'.

Use **ce** for masculine, singular nouns

ce	livre
	garçon

Use **cette** for feminine, singular nouns

cette	maison
	fille

Use **ces** for all plural nouns

ces	jeunes
	robes

Part 8 Verbs

Verbs are action words, or words which tell us what is happening.

The infinitive

In vocabularies and dictionaries verbs are written in the infinitive form, the form which means 'to ...'.

In French, infinitives are easy to spot because they always end in **-er**, **-re** or **-ir**:

jou**er**	to play
sort**ir**	to go out
attend**re**	to wait

If you want to practise using the infinitive, ask your teacher for exercise 10 on copymaster 91.

Verb endings

In English, verbs can have a number of different endings, for example:

to play
I play
he plays

The ending changes according to the person we are talking about.

In French too, the endings change according to the person we are talking about. There are six different endings, one for each of the following:

Je (or **J'** before a verb starting with a vowel or 'h') =*I*

Tu = *you* (when talking to a friend or relative)

Il = *he*, or *it* (when referring to a masculine noun)

Elle = *she*, or *it* (when referring to a feminine noun)

On = *we, you, they, people* (see page 142)

Nous = *we*

Vous = *you* (when talking to a group of people or someone who is not a friend or relative)

Ils = *they* (when referring to males or to masculine nouns)

Elles = *they* (when referring to females or to feminine nouns)

There is another reason why verbs change: to show whether we are talking about the present (what's happening now), the past (what has happened) or the future (what is going to happen).

Look at these examples:

I am playing
I played
I will play

These are different 'tenses' of the verb 'to play'. In French too, verbs take different forms and different endings to show which 'tense' they are in.

So there are two things that affect the form and ending of a verb:

1 who we are talking about (I, you, etc); and
2 the 'tense' or time when the action happened, is happening or is going to happen.

Not all verbs change in exactly the same way. There are three groups of verbs in French:

1 those whose infinitive ends in **-er**, for example **regarder**;
2 those whose infinitive ends in **-ir**, for example **remplir**; and
3 all the rest.

To know what endings to use on a particular verb, you need to know which group it belongs to.

The present tense

In English the present tense has two forms:

I listen to the radio and *I am listening* to the radio.

In French there is only one form:
J'écoute la radio.

This means that, for example, **Elle joue au tennis.** has two possible meanings:

She plays tennis or *She is playing* tennis.

It is up to you to decide which is the right one for the situation.

> *What are the two possible meanings of **Je fais mes devoirs***?

Group 1 verbs: -er

Most verbs follow this pattern. They are the Group 1 verbs, whose infinitive ends in **-er**, for example **regarder**.

Je	regarde
Tu	regardes (the **-s** is not pronounced)
Il	
Elle }	regarde
On	
Nous	regardons
Vous	regardez
Ils }	regardent (the **-ent** is not pronounced)
Elles	

Group 2 verbs: -ir

You have only met one or two Group 2 verbs so far. Their infinitive ends in **-ir**, for example **remplir**. Here is the pattern they follow:

Je	remplis (the **-s** is not pronounced)
Tu	remplis (the **-s** is not pronounced)
Il	
Elle }	remplit (the **-t** is not pronounced)
On	
Nous	remplissons
Vous	remplissez
Ils }	remplissent (the **-ent** is not pronounced)
Elles	

Group 3 verbs

Most of the other verbs you have met are Group 3 verbs. They do not follow a simple pattern but they tend to have certain things in common.

After **je** the ending is often **-s**, though the **-s** is not pronounced:

Je	pars	à 8 heures.
	prends	le car.
	fais	partie d'un club.

One or two end in **-x**:

Je	veux	acheter un cadeau.
	peux	téléphoner?

After **tu**, as well, most Group 3 verbs end in **-s**:

Tu	pars	à 8 heures.
	prends	le car.
	fais	partie d'un club.

One or two end in **-x**:

Tu	veux	acheter un cadeau.
	peux	venir?

After **il**, **elle**, and **on**, most Group 3 verbs end in **-t**:

Il	fait	partie d'un club.
Elle	veut	acheter un cadeau.
On	part	à 8 heures.

A few end in **-d**:

On	prend	le car.

After **nous**, virtually all Group 3 verbs end in **-ons**:

Nous	partons prenons voulons faisons	à 8 heures. le car. acheter un cadeau? partie d'un club.

After **vous**, virtually all Group 3 verbs end in **-ez**:

Vous	partez voulez prenez	à 8 heures. acheter un cadeau? le car.

But note:

Vous	faites	partie d'un club?

After **ils** and **elles,** most Group 3 verbs end in **-ent**:

Ils Elles	partent prennent veulent	à 8 heures. le car. acheter un cadeau.

A few end in **-ont**:

Ils Elles	font vont	partie d'un club. en Suisse.

The most important Group 3 verbs that you have met so far are: **être** (to be), **avoir** (to have) and **aller** (to go). You will need to use them quite often so you should learn them by heart.

être (to be)

Je	suis
Tu	es
Il Elle On	est
Nous	sommes
Vous	êtes
Ils Elles	sont

avoir (to have)

J'	ai
Tu	as
Il Elle On	a
Nous	avons
Vous	avez
Ils Elles	ont

aller (to go)

Je	vais
Tu	vas
Il Elle On	va
Nous	allons
Vous	allez
Ils Elles	vont

If you want to practice using the different verb groups, ask your teacher for exercise 11, 12, 13 and 14 on copymaster 91.

Reflexive verbs

Do you remember the first verb you learnt in French?

Je m'appelle Nadine. Tu t'appelles comment?

Verbs like this, with an extra **me** or **m'** before them, (or after **tu**, an extra **te** or **t'**) are called reflexive verbs. They are always listed in vocabularies and dictionaries as follows:

s'amuser (to have a good time)
se coucher (to go to bed)
se lever (to get up)

But the **se** is only used with **il**, **elle**, **on**, **ils** and **elles** parts of the verb. Look at these examples:

Je <u>me</u> lève à 7 heures.
Tu <u>t'</u>amuses bien?
Il <u>s'</u>appelle Yann.
Elles <u>se</u> couchent vers 10 heures.

Saying or asking whether people LIKE doing something

Use **aimer** + infinitive:

J' Tu	aime aimes	prendre le métro. regarder la télé?
Il Elle On	aime	écouter de la musique.
Nous Vous	aimons aimez	monter à cheval. sortir avec des amis?
Ils Elles	aiment	aller en ville.

Saying or asking whether people WANT to do something

Use **vouloir** + infinitive:

Je	veux	aller à la piscine.
Tu	veux	regarder la télé?
Il		
Elle	} veut	rester à la maison.
On		
Nous	voulons	manger une glace.
Vous	voulez	aller en ville?
Ils		
Elles	} veulent	acheter un cadeau.

Saying or asking whether people CAN do something

Use **pouvoir** + infinitive:

Je	peux	téléphoner?
Tu	peux	m'aider?
On	peut	aller?

Saying or asking whether people HAVE TO do something

Use **devoir** + infinitive:

Je	dois	faire les courses.
Tu	dois	laver la voiture.
Il	doit	aller en ville.
Nous	devons	rester à la maison.

Talking about the past

You have met two past tenses in French.
They are called the perfect and the imperfect.

The perfect tense

You use this when you want to say or ask what someone did or has done.

The perfect tense with avoir

The perfect tense is made up of two parts.
Most verbs have part of the verb **avoir** + a past participle, for example **regardé**, **pris**, **mangé**.

1 (**avoir**)   2 (past participle)

J'ai	regardé	la télé.
Tu as	mangé	du pain.
Elle as	pris	le train.

The past participles of Group 1 (**-er**) verbs end in **-é**. The past participles of Group 2 (**-ir**) verbs end in **-i**. Those of Group 3 verbs are more unpredictable, though many end in **-u**, **-s**, or **-t**. You will need to learn each one as you meet it.

Look at these examples of the perfect tense:

Group 1 (**-er**) verbs
J'ai trouvé un disque.
Tu as acheté un bracelet.
Elle a passé trois jours à Paris.

Group 3 verbs
J'ai perdu mes lunettes.
Il a pris le bus.
On a eu un accident.
Tu as fait tes devoirs?

The perfect tense with être

Some verbs use part of the verb **être** instead of **avoir** to form the perfect tense. You will need to learn which verbs do this. Here are the ones you have met so far:

1 (**être**)   2 (past participle)

Je suis	parti(e)	à 8 heures.
Tu es	arrivé(e)	à quelle heure?
Il est	venu	en vélo.
Elle est	tombée	malade.
On est	allé	au stade.
Nous sommes	entrés	dans le café.
Vous êtes	sortis	ensemble?
Ils sont	restés	à la maison?
Elles sont	restées	en France.

*Why do you think there is an extra **-e** on the past participle after **elle**? Why is there an extra **-s** after some of the other past participles?*

The rule for these verbs is:

- **-e** to the past participle when referring to someone who is female.
- Add **-s** to the past participle when referring to more than one male.
- **-es** to the past participle when referring to more than one female.

You also add **-e** whenever the **je** or **tu** refers to a female:

Sophie a dit, 'Je suis arrivée à 9h'.
Tu es partie à quelle heure, Sophie?

Reflexive verbs

All reflexive verbs (see page 140) form the perfect tense with **être** too:

Je me suis bien amusé(e).
Tu t'es entraîné(e) aujourd'hui?
Elle s'est couchée de bonne heure.
Il s'est levé à 7 heures.

> If you want to practise using the perfect tense, ask your teacher for exercise 15, 16 and 17 on copymaster 91.

The imperfect tense

There is another way of talking about the past. It can be used to mean 'was' or 'used to'.

J'habitais à Lyon.
La plage était belle.
Il faisait froid.
Il y avait une piscine.

How would we say these sentences in English?

The imperfect tense endings you have met so far are:

Je	-ais
Tu	-ais
Il	
Elle }	-ait
On	

Talking about the future

So far you have met one way of saying what you are going to do or what is going to happen. To do this you need to use part of the verb **aller** + infinitive.

(aller)   (infinitive)

Je	vais	chercher	ma valise.
Tu	vas	prendre	le bus?
Il			
Elle }	va	passer	un mois en France.
Nous	allons	rester	à la maison.
Vous	allez	boire	quelque chose?
Ils			
Elles }	vont	faire	un tour?

How to say 'would'

There is not a separate word for 'would' in French. To say 'I would like ...' or 'It would be ...', you need a special form of the verb you are using. This is called the 'conditional'.

These are the endings you have met so far:

Je	-rais
Tu	-rais
Il	
Elle }	-rait

Here are some examples:

J'aimerais habiter une grande ville.
Aimerais-tu habiter à la campagne?
Ma ville idéale serait près de la mer.
Elle aurait beaucoup de choses à faire.

Using the word 'on'

When talking about a group of people including yourself, or about 'someone' or 'people in general', it is very common to use **on**. After **on** the verb takes the same form as it does after **il** or **elle**.

Qu'est-ce qu'on fait?	What shall we do?
On reste à la maison.	We're staying at home.
Si on faisait du vélo?	How about going for a bike ride?
On a regardé la télé.	We watched the TV.
On parle français au Québec.	They speak French in Quebec.
Qu'est-ce qu'on t'a offert?	What did they give you?/ What were you given?

Asking people to do things

The form of the verb you use when you need to give someone an instruction or ask them to do something is known as 'the imperative'.

When you are talking to a friend or relative, all Group 1 (**-er**) verbs end in **-e**:
Donne-moi ta valise.
Passe le pain, s'il te plaît.
Reste au lit.

Most other verbs (Groups 2 and 3) end in **-s**:
Assieds-toi là.
Ecris-moi bientôt.
Prends mon vélo.

When you are talking to more than one person or to an adult, most verbs end in **-ez**:
Entrez.
Asseyez-vous.

A small number end in **-tes**:
Faites vos devoirs.
Dites bonjour.

How to say 'not' and 'never'

Saying that you don't do something or that you never do something is known as the negative form of the verb.

Not

To say 'not' you need to put **ne** (or **n'** before a vowel) ... **pas** around the verb.

Je	ne	comprends	pas.
Tu	n'	aimes	pas?
Il Elle	ne n'	joue aime	pas.
Nous	ne	restons	pas.
Vous	n'	allez	pas?
Ils Elles	ne n'	jouent arrivent	pas.

*Note: French speakers often drop the **ne/n'** when they are talking, for example:* **C'est pas possible!**

The same thing happens in other tenses:

The perfect tense
Je n'ai pas mangé aujourd'hui.
Tu n'as pas fait tes devoirs?
Elle n'est pas arrivée.

The imperfect tense
Qu'est-ce qui n'allait pas?
Il ne faisait pas chaud.
Ce n'était pas intéressant.

Imperatives
Ne mange pas trop!
Ne prends pas le métro.

Never

To say 'never' you put **ne/n'** ... **jamais** around the verb.

Je	ne n'	prends écoute	jamais	le métro. la musique.

Part 9 Asking questions

The simplest questions are those that can be answered by 'yes' or 'no'. In French there are two common ways of asking these simple questions. The easiest way is to form your sentence in the normal way and raise the tone of your voice at the end of the sentence.

C'est dans le nord?
Je peux téléphoner à mes parents?
Il habite un appartement?

Practise asking questions with a friend, remembering to raise the tone of your voice at the end of the sentence.

The second way of forming these simple questions is to add **est-ce-que** or **est-ce qu'** to the start of your sentence:

Est-ce que	c'est la Nationale 20?
Est-ce qu'	il y a un café près d'ici?

Other types of questions in English begin with words like 'how much/many', 'what', 'how', 'where', 'when' and 'who'.

combien de? = how much? how many?

Tu as Il y a	combien de	frères et sœurs? crayons?

C'est Ça coûte	combien?

comment? = what? how?

Tu t'appelles Ça s'écrit	comment?

Comment	vas-tu? serait ta ville idéale?

où? = where?

Où	est la piscine? se trouve Calais?

quand? = when?

C'est quand	ton anniversaire? le match?

que? = what?

Que	penses-tu de ces villes? fais-tu le week-end?

qu'est-ce que/qu'est-ce qu'? = what?

Qu'est-ce que	cela veut dire? tu fais pour aider à la maison?
Qu'est-ce qu'	on fait après le match?

quel? quelle? = what? which?

Quel	est ton numéro de téléphone?

Quelle	est ton adresse? est la date aujourd'hui?

Tu habites à C'est	quel	étage? train?

C'est	quelle	marque? ligne?

how old?

Tu as Il a	quel âge?

Quel âge	a-t-elle?

at what time?

A quelle heure	est-ce que tu te lèves?

qui? = who?

Qui	parle? fait partie d'un club?

pour qui? = who for?

C'est	pour qui?

If you want to practise using questions, ask your teacher for exercise 18 on copymaster 91.

Part 10 Prepositions

Prepositions are words that say where things are or where things take place.

I'll meet you *at* the swimming pool.
See you *in* the park.
Is that my pen *on* the floor?

How do you decide which of these to use?

à la, au, à l', à = at, in, to

Use **à la** for feminine nouns

à la	campagne maison

Use **au** for masculine nouns

au	café collège

Use **à l'** for all nouns beginning with a vowel or 'h'

à l'	école hôpital

Use **au** ... **étage** *to mean 'on the ... floor', for example:* **au cinquième étage**.

Use **à** for towns

à	Paris Pointe-à-Pitre

If you want to practise using **au**, **à la** and **à l'**, ask your teacher for exercise 20 on copymaster 91.

au bout de/du/d' = at the end of

au bout	de du d'	la route couloir une piste

à côté de/du/d' = next to

à côté	de du d'	la cuisine parc une rivière

au bord de/du/d' = on the side of, on the edge of

au bord	de du d'	la mer lac une piste

à droite/gauche = on the right/left

Tournez Prenez	à droite. à gauche.

C'est	à droite à gauche	de la poste.

à ... kilomètres de = ... kilometers from

Elle habite Il se trouve	à 50 kilomètres de	Paris. Lyon.

au nord/sud de = to the north/south of ...

Brazzaville est situé	au sud de	l'équateur.

chez = at somebody's house/shop/business

chez	moi toi elle lui nous vous eux

chez	Anne le dentiste les Heuland

dans = in

dans	la chambre un lotissement

dehors = outside

elle joue	dehors

derrière = behind

derrière	le parc la porte

devant = in front of, outside

devant	la gare le cinéma

en = in

en	Côte d'Ivoire centre-ville français

en face = opposite

C'est ma chambre	en face.

C'est	en face	de l'école.

entre = between

entre	Dieppe et Lyon.

juste en dessous = just below

Il habite	juste en dessous.

(non) loin de = (not) far from
assez loin de = quite a long way from

loin non loin assez loin	du stade de la mer du centre-ville

près de/du/d' = near to

près	de du d'	la gare port une banque

Note: **tout près** = very close.

sur = on, onto

Ton pull est Brazzaville se trouve	sur	la chaise. la côte Atlantique.

y = there

Je voulais	y	rester.

vers = towards

vers	le nord de la France

If you want to practise using prepositions, ask your teacher for exercise 19 on copymaster 91.

Part 11 Saying when things take place

Telling the time

Quelle heure est-il?

Il est	une deux	heure. heures.

at + time

Je pars	à	sept heures.

quarter past, half past and quarter to ...

Il est	une heure	et quart.
		et demie.
		moins le quart.

... minutes past the hour

Il est	huit heures	douze.
		vingt-cinq.

... minutes to the hour

Il est	trois heures	moins	douze.
			vingt-cinq.

(half past) midday/midnight

Il est	midi	(et demi).
	minuit	

giving approximate times

vers	une heure
	neuf heures et demie

Days, months and years

Quelle est la date?	C'est le	premier	mai.
		vingt	juin.

on letters and homework

lundi,	premier	juillet
vendredi,	cinq	décembre

morning, afternoon and evening = matin, après-midi and soir

Il est	trois heures	du matin.
	quatre heures	de l'après-midi.
	dix heures	du soir.

this morning/afternoon/evening

Ce matin	je me suis levé(e) à 7 heures.
Cet après-midi	je suis allé(e) en ville.
Ce soir	je vais faire mes devoirs.

in the morning/afternoon/evening

Le matin	je me lève tôt.
L'après-midi	je suis allé(e) à la piscine.
Le soir	on est allé au restaurant.

on ... morning/afternoon/evening

Mardi matin	je vais à la piscine.
Lundi après-midi	il est allé au cinéma.
Jeudi soir	elle joue au basket.

tomorrow = demain

demain	matin

yesterday = hier

hier	soir

last + day/week/month/year

Lundi	dernier	c'était mon anniversaire.
Le mois		je suis parti(e) en vacances.
L'an		j'ai gagné un prix.

La semaine	dernière	il est allé à la patinoire.
L'année		je suis allé(e) en France.

in + month of the year

en	janvier
	mars
	août

in + season

au	printemps

en	été
	automne
	hiver

during = pendant

pendant	leur séjour

immediately = tout de suite

On rentre	tout de suite

ago = il y a

il y a	deux heures
	trois jours
	une semaine
	un mois
	un an

entrée libre

1   CHEZ MOI

C'est quel village?
Read the descriptions and work out the name of each village, A to H.

Cherche jumelage...
This is an imaginary French town advertising for a twin town. Invent an advertisement for your own (or an imaginary) town, or answer this advertisement in the same style.

Cherche l'intrus
Write down the odd-one-out in each list of words.

Salut de St Hélier
Read the postcard from Maryse who lives in Avranches and is visiting St Helier. What does she think of St Helier?
Choose four words from the box.

Salut, Christine!
Read Fabienne's letter and complete the sentences.

2   A LA MAISON

Débrouille-les!
Look at the photos and unjumble the words to make a sentence about each one.

Expéditeurs
Look at these envelopes. Who sent each letter? Write down their names and addresses in full.

Quoi?!
Write out in full the details of these houses and flats for sale or rent.

Déménagé
Read Julien's letter and make a list of five positive and three negative points about his new house.

Write a letter of your own like Julien's. Imagine you have just moved house. Describe the house/flat. Say whether you like it and give your reasons.

3   RENDEZ-VOUS PARIS

Qui est-ce?
Read the details on hobbies on page 30 then name the teenagers in these photos.

Loisirs décontractés
Unjumble the sentences and match them to the right pictures.

Trouve les erreurs
Find the mistakes then write each sentence correctly.

Aimerais-tu vivre à l'étranger?
These are the results of a survey on exchanges. Match the texts to what each teenager has to say.

What are your views on an exchange – to France, Africa or America? Write down or record your opinions. Don't forget to give your reasons!

4   EN FAMILLE

Mon appartement
Look at these three plans of flats. Which one best matches the flat described in Myriam's letter?

Ça va dans quelle pièce?
Write down the correct room for each drawing.

Georges donne un coup de main
Find the right caption for each drawing.

Une question de préférences
Read page 50 again and write down the channel, programme title and time of the programme each of these teenagers would prefer to watch.

5   J'AI COURS

Journée typique
Rewrite this letter in full by replacing the drawings with the correct words.

Write your own letter with drawings and ask your partner to write it out in full.

Je suis en retard!
What lessons has Romain got today?

Trouve l'intrus
Find the odd-one-out.

Non-sens
Find the mistake in each text.

Une question de scolarité
Copy the interviewer's questions and answer them as if you were being interviewed for a teenage magazine.

6 PROMENADES

Evénements
Look at the posters and read the texts. Who went where?

Ecris une carte postale!
Imagine that you went to one (or several) of the attractions above. Write a postcard to a friend, describing what you did. Don't forget to say whether it was good fun!

Panique!
Unjumble these sentences.

Excursions désastreuses
Look at the pictures and write down a sentence for each person.

Annette parle d'une excursion
Choose the correct words from the box to complete the text.

7 AU CLUB

Les clubs
Look at the diagram and answer the questions. Now copy and complete these sentences.

Interview brouillée
Find an answer for each question then rewrite this interview in the right order.

Cherche l'intrus
Find the odd-one-out.

Question de sport
Look at the text and photos on page 82 then answer these questions.

Quelque chose de différent
Imagine you are Chloë and answer these questions.

8 ÇA NE VA PAS?

Ça va faire mal!
What is each patient going to say to the doctor?

A la piscine
Choose the right answer to each question and write out the conversation in full.

Dans la cour
This is a heap of school bags in the playground. Read the teenager's descriptions of their bags. Which bags are there? Which are missing?

Qu'est-ce qu'il faut dire?
Look at these pictures and choose the most appropriate question for each situation.

9 ON Y VA?

Qu'en penses-tu?
Copy and complete the sentences by filling in the gaps with the words below.

Phrases brouillées
Unjumble the sentences.

Un T-shirt éco
Design your own 'green' T-shirt. Use the phrases below if you want to.

Cherche l'intrus
Find the odd-one-out.

Où est-ce qu'on va?
Look at the town plan on page 116. Read the text and write your answers in your exercise book.

TCL – Société Lyonnaise de Transports en Commun
Work on your own or with a partner to explain the transport system to some British visitors to Lyon. Use a dictionary and make notes to help you.

10 BON RETOUR

Quelle surprise!
Read the descriptions and identify each present.

Vendeur ou cliente?
Read these sentences. Make two lists: one of what the salesperson says and another of what the client says.

C'est grave
Read the problems experienced by these teenagers. Put them in order, starting with the one you think is the most annoying and finishing with the least annoying.

On a fait beaucoup
Rewrite these sentences, replacing the drawings with the correct word from the list below.

Bon retour
Draw your own farewell pin's using the expressions on page 129.

Problèmes d'imprimerie
The printer isn't working. Write the letter out properly, by hand.

A

à at
à 20 kilomètres 20 kilometres away
à cinquante francs costing fifty francs
d' abord (at) first
d' accord okay, alright
un accueil welcome
les actualités TV news
adieu farewell
les affaires things, belongings
une affiche poster, notice
affreux, affreuse awful, terrible
âgé(e)(s) aged, elderly
agréable pleasant
aider to help
ailleurs somewhere else
aimable kind, friendly
j' aimerais I would like
en plein air in the open (air)
j' allais I used to go
l' allemand German
aller to go
alors then
amicalement yours, your friend...
amitiés yours, regards
s' amuser to have a good time
une annonce advertisement
un aperçu glimpse, snapshot
un appareil (-photo) camera
un appartement flat, apartment
bon appétit enjoy your meal
apprécier to appreciate, like
après after
l' argent money
une armoire wardrobe
en arrière in/at the back
arroser to water
un ascenseur lift
un aspirateur vacuum cleaner
s' asseoir to sit, be seated
il s' assied à côté de... he sits next to...
une association sportive a sports association/club
appeler to call
s' appeler to be called
un arbre tree
assez enough, quite
une assiette plate
attacher to fasten, fix
attirer to attract
attraper to catch
aucun(e) no, not any
aujourd'hui today
il y aurait there would be, it would have
aussi also, as well
un autocollant sticker
autre(s) other
quelqu'un d' autre someone else
à mon avis in my opinion
j' avais I had
avant (de partir) before (leaving)
avoir to have
ayant having

B

les bagages luggage
le balai broom
balayer to sweep
les BD (bandes dessinées) comics
le bateau boat
le bâtiment building
beau(x),belle(s) beautiful
beaucoup (de) a lot of
les béquilles crutches
avoir besoin de to need
bête silly, daft
la bibliothèque library
bien well, good, right
bientôt soon
bienvenu(e)(s) welcome
le billard américain pool
grosses bises hugs and kisses
un bisou kiss
blanc(he)(s) white
le blanc gap (in a text)
un bled perdu a godforsaken hole
blessé(e)(s) injured, hurt
bleu(e)(s) blue
le blouson (light) jacket
boire to drink
bon(ne)(s) good, right
au bord de on the edge of, next to
la bouche mouth
la boue mud
le boulanger baker
la boum party
au bout (de) at the end (of)
le bras arm
bravo well done
des bretelles braces
brouillé(e)(s) jumbled
bruyant(e)(s) noisy
la bulle (speech) bubble
le bulletin trimestriel term school report
le bureau desk, study
le bureau du directeur/ de la directrice Head's office

C

ça that
cacher to hide
le cadeau gift, present
le cadre box
le calcul sum, calculation
le/la camarade friend
Ça me dit quelque chose That appeals to me
Ça te dit? Do you fancy that?
la campagne the country(side)
en pleine campagne deep in the countryside
le canapé sofa
en car by coach
à carreaux chequered
la carte map, card
la carte postale postcard
le casque helmet, headphones
cassé(e)(s) broken
Je me suis cassé la jambe I broke my leg
le catéchisme catechism (religious instruction)
la cave cellar
la ceinture belt
celle, celui the one
celles the ones
ce que what
en ce qui concerne ... as far as ... is concerned
ce(t), cette, ces this, that, these/those
le centre commercial shopping centre
le centre-ville town centre
le cerceau ring
c'est it is, this is, that is
ceux those
chacun(e) each one
la chaîne de télévision television channel
la chambre bedroom
le champ field
le chanteur singer
le chapeau melon bowler hat
chaque each
la chasse hunting
chaud warm, hot
le chauffage central central heating
des chaussons slippers, ballet shoes
la chaussure shoe
les chaussures à crampons boots with studs
la chauve-souris bat
le chemin pathway
la chemise shirt
le chèque de voyages traveller's cheque
le chéquier cheque book
cher(s), chère(s) dear, expensive
chercher to look for, to fetch
les cheveux hair
chez at/to someone's house/ home
chez moi at my house, in my home
le chiffon duster, rag
choisir to choose
la chorale choir
la chose thing
la chouette owl
chouette nice
ci-dessous below (here)
ci-dessus above (here)
cinquième fifth
je suis en cinquième I'm in Year 8 (second year of secondary/ Higher)

la **circulation** traffic
cirer to polish
la **citadelle** fortress
faire des claquettes to tap dance
la **clef** key
le **climat** climate
le **clou du spectacle** the high point of the show
cocher to tick
le **cocotier** coconut tree
le **cœur** heart
le **coin** corner
le **collant** pair of tights
le **collège** (secondary) school
colorier to colour
combien? how much? how many?
comme like, as
commencer to start
comment? what? pardon?
c'est comment? what's it like?
la **commode** chest of drawers
comportant including, covering
comprendre to understand
tu as compris? have you understood?
compter to count, total
le **comptoir** (shop) counter
le/la **concierge** caretaker
le **congélateur** deep freeze
Tu connais Jersey? Do you know Jersey?
le **conseil** (piece of) advice
content(e)(s) (de) happy (with)
le **contraire** opposite
contre against
par contre on the other hand
le **contrôle** test
le **copain, la copine** friend
copier to copy
le **corps** body
une **bonne correspondance** a good connection
le/la **correspondant(e)** penfriend
le **côté** side
la **côte** coast
à côté (de) alongside, next door
d'un côté on one side
la **cotisation** subs(cription)
la **couche d'ozone** the ozone layer
se coucher to go to bed
un **couloir** corridor
un **coup de main** a helping hand
un **coup de soleil** sunburn, sunstroke
couper to cut
la **cour** (court)yard
le **coureur** runner
courir to run
le **cours** lesson, class
j'ai cours I've got lessons
la **course** race
court(e)(s) short
coûter to cost
la **cravate** tie
croire to believe

je crois I think, I believe
la **Croix Rouge** the Red Cross
le **cuir** leather
la **cuisine** kitchen
faire la cuisine to cook

D

dans in
débarrasser la table to clear the table
debout standing
débrouiller to unscramble
au début (de) at the beginning (of)
le **décollage** take-off (of an aeroplane)
décolleté(e)(s) low-necked
décontracté(e)(s) relaxed
découper to cut up
décrire to describe
défaire to undo, to unpack
le **défaut** (personal) fault, shortcoming
la **dégustation** tasting
dehors outside
déjà already
le **déjeuner** lunch, midday meal
demain tomorrow
demander to ask
déménager to move house
la **dent** tooth
le **départ** departure, starting point
dépêche-toi! hurry up!
dépenser to spend (money)
les **dépenses** costs, expenditure
depuis since
depuis un an for a year
dernier(s), dernière(s) last, latest
derrière behind
désolé(e)(s) sorry
le **désordre** disorder, mess
le **dessin** art, drawing
le **dessin animé** cartoon
dessiner to draw
deviner to guess
les **devoirs** homework
tu devrais you ought to
mon dieu! goodness me!
dire to say
c'est-à-dire in other words
discuter to discuss
se disputer to argue
la **disquette** computer disc, floppy disc
divers various
diviser to divide
le **doigt** finger
tu dois être fatigué(e) you must be tired
dominer to overlook, to dominate
dommage (what a) shame, pity
donc so, therefore
donner to give

E

l' **eau** water
un **échange** exchange
échanger to exchange, to swap
une **écharpe** scarf
les **échecs** chess
à l'école at school
écouter to listen to
écrire to write
Çela s'écrit comment? How do you spell that?
un **écusson** badge, shield
une **église** church
embêtant annoying, upsetting
une **émission de télévision** television programme
emmener to take (someone somewhere)
un **emploi du temps** timetable
en in, within, by
un **endroit** place
énergique energetic
enfin at last, finally
ennuyeux, ennuyeuse(s) boring
énormément de lots of
enregistrer to record
enrhumé(e)(s) full of cold
ensemble together
ensoleillé(e) sunny
entendre to hear
s'entendre bien (avec ...) to get on well (with ...)
entouré(e) surrounded
un **entraîneur** trainer, coach
entre between
une **entrée** entrance hall
avoir envie de to want to
environ about
envoyer to send
une **épaule** shoulder
l' **équateur** the Equator
l' **équitation** horse riding
une **erreur** mistake
un **escalier** (flight of) stairs
un **espace** space
un **espace vert** green/unspoilt area
l' **espagnol** Spanish
espérer to hope
essayer to try
est eats
l' **estomac** stomach
un **étage** floor, level
une **étagère** bookshelf
j'étais I was
en été in summer
j'ai été (malade) I was (ill)
une **étoile** star
étranger(s), étrangère(s) foreign
à l'étranger abroad
un **étudiant** student
un **évier** kitchen sink

j'ai eu I had
exactement exactly
expéditeur sender
expliquer to explain
à l' extérieur outside, away from home
extra! terrific!, great!

Qu'est-ce
que tu fabriques? What on earth
are you up to?
en face (de) opposite
facile easy
une **façon** way, means
faible weak
la **faim** hunger
Tu as faim? Are you hungry?
faire to do, make
Ne t'en **fais pas** Don't worry about it
il **fait mauvais**
the weather's bad
fatigant tiring
fatigué(e)(s) tired
il **faut** it is necessary, you must
le **fauteuil** armchair
faux, fausse false, wrong
félicitations congratulations
le **fer (à repasser)** an iron
la **ferme** farm
la **fête** festival, feast day
faire la **fête** to celebrate
le **feu d'artifice** firework display
la **feuille** sheet, (loose) leaf
le **feuilleton** TV soap
le **feutre** felt-tip pen
les **feux** traffic lights
fier, fière proud
la **fille** girl, daughter
le **fils** son
la **fin** end
en **fin de compte** when all is said
and done
la **fleur** flower
la **flûte à bec** recorder
une **fois** once, one time
le **footing** jogging
la **forêt** forest
fort(e)(s) strong, good
fou mad, crazy, hysterical
le **four (à micro-ondes)**
(microwave) oven
frais, fraîche(s) fresh, cool
français(e)(s) French
franchement frankly
le **frigo** fridge
les **fruits de mer** seafood
la **fumée** smoke

le **gant de toilette** face flannel
le **garçon** boy
garder to keep
le **gardien** warder, guard
le **gâteau** cake
gênant(e) embarrassing
la **gendarmerie** police station
génial(e) brilliant
le **genou** knee
le **genre** type, kind, sort
les **gens** people
gentil(le) kind, nice
la **gentillesse** kindness
la **glace** ice, ice-cream
la **gorge** throat
goudronné(e) tarred, made-up
le **goût** taste
le **gradin** tier (of seating)
grand(e)(s) big, tall
grave serious
ce n'est pas **grave** it doesn't matter
la **grippe** 'flu
gris(e)(s) grey
le **groupe scolaire** school party
la **guêpe** wasp

un **habitant** inhabitant
habiter to live
hein eh? right?
hier yesterday
Tu n'as pas **honte?** Aren't you ashamed?
j'ai **horreur de ça** I can't stand that

une **idée** idea
une **île** island
les **îles anglo-normandes**
the Channel Islands
illuminé(e)(s) lit up, illuminated
une **image** picture
un **immeuble** block of flats
une **impasse** dead end, cul-de-sac
impressionner to impress
incroyablement incredibly
l' **indicatif (international)**
the (international) dialling code
indiquer to show, to point to
s' **installer** to sit, to set up
une **interro(gation)** test
ne t' **inquiète pas** don't worry
l' **intrus** the odd-one-out
isolé(e)(s) isolated, lonely
pour l' **instant** for the moment

jamais never
la **jambe** leg
le **jardin** garden
jaune(s) yellow
les **Jersiais** Jersey people
le **jeu de société** board game
le **jeu télévisé** TV game show
le **jeu vidéo** video game
jeune(s) young
joindre to join, attach
joignez une photo
enclose a photo
joli(e)(s) pretty
le **jogging** tracksuit
jouer to play
le **jour** day
la **journée** day
le **jumelage** (town) twinning
jumelé(e)(s) twinned
la **jumelle** (female) twin
la **jupe** skirt
le **justaucorps** body stocking
juste correct
juste en dessous just below

L

là there
au **labo(ratoire)** in the lab(oratory)
le **lac** lake
laisser (traîner) to leave (lying
around)
le **lait solaire** sun cream
la **langue étrangère** foreign language
le **lapin** rabbit
large(s) wide
le **lave-vaisselle** dishwasher
(se) **laver** to wash
la **lecture** reading
la **légende** key (to a map/guide)
lentement slowly
lequel? which one?
la **lessive** washing
leur(s) their
se **lever** to get up
libre free, unoccupied
le **lieu** place
lire to read
le **lit (de camp)** (camp) bed
le **livre** book
le **logement** housing
loin far
non **loin (de)** not far (from)
le **lotissement** housing estate
louer to rent, to hire
des **lunettes** glasses, spectacles

M

ma my
le macaron badge
la machine à laver
washing machine
le magasin shop
le magnétoscope video recorder
le maillot (sports) jersey/shirt
le mailot de bain swimsuit, trunks
la main hand
maintenant now
mais but
la maison house
mal bad, badly
j'ai mal à la tête I've got a headache
le mal de mer seasickness
la maladie illness, sickness
le malheur misfortune
malheureusement unfortunately
il manque...
there isn't/aren't enough...
la mansarde attic room
la maquette model
se maquiller to put on make-up
le marchand street trader,
market stall holder
le marché market
la marque brandname
marrant funny
j'en ai marre I've had enough of this
marron brown, chestnut
le matériel equipment
la matière school subject
matinal(e) in the morning
la matinée morning
mauvais(e)(s) bad
le médecin doctor
même same, even
menacer to threaten
le ménage household, housework
la mer sea
merveilleux marvellous
mes my
le métro underground railway
mettre to put (on)
mettre la table to set the table
mets-toi derrière get into the
back
le mien, la mienne, les miens,
les miennes mine
mieux better
mille thousand
mince! oh no!
le minitel computerised telephone
directory
moins minus, less
moins le quart a quarter to (the
hour)
au mois de in the month of
mon my
le monde world
beaucoup de monde lots of people
la monnaie (loose) change, coins
la montagne mountain

montrer to show
le mot word
le mouton sheep
la moule mussel
moyen(ne)(s) average
de taille moyenne of average size
le musée museum

N

la natation swimming
je suis né(e) au Maroc I was born
in Morocco
ne ..., ni ... ni neither, nor
ne ... pas not
ne ... plus no more, no longer
ne ... que only
ne ... rien nothing
nettoyer to clean
neuf(ve)(s) new
le nez nose
le nœud papillon bowtie
noir(e)(s) black
nommer to nominate, choose
nord north
nos our
la note mark, score
notre our
la nourriture food
nous we, us
nouveau(x), nouvelle(s) new
la nuit night
absolument nul absolutely useless

O

un œil eye
offrir to give (a gift)
on one, we, they
un ordinateur computer
une oreille ear
ou or
un organisme organisation
où? where?
oublier to forget
oui yes
un ours bear
un ouvrage de référence
reference text

P

paisible peaceful
le palmier palm tree
le panneau (traffic) sign
le pantalon trousers
le papier à lettres writing paper
par by
deux fois par semaine twice a week
le parapluie umbrella
le parc d'attractions pleasure park,
fairground

le parc-mètre parking meter
le parking car park
parmi among
une paroisse parish
partager to share
participer to take part in,
to participate
particulier, particulière
particular, special
la partie part, some
faire partie de to be a member of
partir to leave
je suis parti(e) I set off
partout everywhere
pas not
le passage clouté
pedestrian crossing
le passage souterrain subway
le passager passenger
le passé the past
passer to spend (time),
to show (a programme)
passer l'aspirateur to hoover
le passe-temps pastime, hobby
la patinoire ice rink
les patins à roulettes
roller skates
les pays en voie de
développement
developing countries
la pêche fishing
le pêcheur fisherman
le peigne comb
la peinture painting
les pellicules dandruff
la peluche soft toy
pendant during, for
pénible a pain,
gets on your nerves
penser to think
en permanence in Private Study
une perruque wig
personne de spécial
nobody special
petit(e)(s) small, little, short
le petit déjeuner breakfast
un peu a little
peu à peu little by little
la peur fear
la pharmacie chemist's
à plat flat out
il pleut it's raining
il me fait peur I'm scared of him
peut-être perhaps
on peut you can
peux-tu ... ? can you ... ?
la philatélie stamp collecting
la phrase sentence
la pièce room, coin
le pied foot
le piéton pedestrian
piquer to sting, pinch
la piscine swimming pool
la piste track, trail
la piste cyclable cycle lane

le placard (kitchen) cupboard
la plage beach
plaisanter to joke
la planche à repasser
  ironing board
plein(e)(s) full
plein d'activités
  loads of activities
la pluie acide acid rain
la plupart most
en plus besides that
  plus de 500 francs
  more than 500 francs
  plus ... que more ... than
  plus grand que bigger than
non plus neither
  plusieurs several
la pointure size
à pois (blancs) (white) spotted
  pollué(e)(s) polluted
le pont bridge
la porcherie pigsty
la porte door, (departure gate)
le porte-clefs keyring
le porte-manteau coat rack
le porte-monnaie purse
le portefeuille wallet
  porter to wear, carry
  poser to put, to place, to ask
la poubelle dustbin, litter bin
la poupée doll
  pour for
  pourquoi why
  pousser to push
  pratique practical,
  convenient
de préférence preferably
  premier(s), première(s) first
  prendre to take
  prêt(e)(s) ready
  (the train)
le prénom first name,
  forename
  près de near to
tout près close, nearby
  présenter to introduce
  presque nearly, almost
  prévoir to set up
je t'en prie don't mention it
  principal(e) main
j'ai pris (le train) I caught
  prochain(e)(s) next
le prof(esseur) teacher
le programme informatique
  computer program
  promis promised
la proposition suggestion
  propre clean
ta propre carte your own card
je n'ai pas pu I couldn't, I wasn't able to
la publicité advertising
  puis then

Q

le quai platform
  quand when
  quand même even so
le quartier district, area
  qu'est-ce que what
  Qu'est-ce que tu as?
  What's the matter with you?
  quel(le)(s)? which? what?
  quelque(s) some
  quelque part somewhere
à quelques mètres
  a few metres away
  quelque chose something
  qui who, that, which
  quinze jours a fortnight
  quitter to leave
  quoi! what!

R

  raconter to tell
la raison reason
avoir raison to be right
  ramasser to pick up
la randonnée à vélo bike ride
  ranger to line up, to tidy up,
  to put away
se rappeler to remember, to recall
un rapport report
  rarement rarely, infrequently
  ravitailler to refresh
  rayé(e)(s) striped
le récepteur (telephone) receiver
  recevoir to receive
à la recherche de in search of
  récolter to collect
  recopier to copy
la récréation school break time
  réfléchir to think, to reflect
  régler to settle, to sort out
  régulier regular
  relier to link, to join up
  remets-toi bien get well soon
  remplacer to replace
  remplis les blancs fill in the gaps
  rencontrer to meet
le rendez-vous meeting, appointment
se rendre compte to realise
  rendre visite à to visit (someone)
  répéter to repeat, to rehearse
la réponse answer, reply
se reposer to rest
le réseau network
la réserve naturelle nature reserve
  résolu solved
  respirer to breathe
le résultat result
en retard late
le retour return
  retourner to return, to turn over

se retrouver to meet
au rez-de-chaussée
  on the ground floor
le Rhin the (River) Rhine
le rideau curtain
(ne) ... rien nothing
  rigoler to laugh, to joke
tu rigoles! you're kidding!
  rigolo a laugh, giggle
  rire to laugh
la rivière river
la robe dress
le rocher rock
à tour de rôle in turns
le rond-point roundabout
  rose(s) pink
la roue wheel
  rouge(s) red
en route on the way
la route (main) road, route
  roux ginger, red (haired)
le ruban ribbon
la rue street, road

S

  sa its, his, hers
le sac bag
  sale(s) dirty
la salle room
la salle de bains bathroom
la salle à manger dining room
la salle des professeurs staffroom
le salon sitting room
  salut! Hi!
  sans without
la santé health
  secourir to assist
le séjour living room, stay, holiday
  selon according to
la semaine week
le sens unique one-way street
je ne me sens pas bien I don't feel well
  sentir to feel, smell
il sera it will be
il serait it would be
  sers-toi help yourself
la serviette towel, briefcase
  ses its, his, her
  seul(e)(s) single, alone
  seulement only
le shampooing shampoo
  si if, so
  si yes (after someone has
  said no)
  sinon if not, unless
  situé(e)(s) situated, located
se situer to be situated
le slip knickers, underpants
le soleil sun
(premiers) soins (first) aid
le soir (in the) evening

la **soirée** an evening
(of entertainment)
soit ... soit either ... or
son its, his, hers
le **sondage** survey
sonore(s) recorded
(on tape)
la **sortie (de secours)**
(emergency) exit
sortir to go out
sortir la poubelle
to take the rubbish out
souligner to underline
sous under, beneath
le **soutien-gorge** bra
souvent often
le **spectacle** show, spectacle
je suis **sportif/sportive**
I'm keen on sport
le **stationnement** parking
stationnement interdit
no parking
le **store** blind
sud south
sud-est south-east
sud-ouest south-west
il **suffit** it's enough
je **suis** I am
suis le texte follow the text
tout de **suite** immediately
au **suivant!**
next (person please)
suivre to follow
supporter to stand, bear
sur on
sûr(e)(s) sure
bien **sûr** of course
surtout especially
un **surveillant** supervisor
s.v.p. (s'il vous plaît) please
sympa nice

le **tableau** painting
la **tâche** task, job
tant (de) so much, many
tard late
plus **tard** later
tarder to delay
le **tarif** price list
le **tas** heap, pile
te (t') you, to you
au **téléphone**
on the (tele)phone
tellement so, such
pas **tellement** not that much
le **temps** weather, time
de **temps en temps** from time
to time
tout le **temps** all the time
(se) terminer to end
le **terrain** pitch, playing area

la **terrasse** terrace, balcony
la **terre** earth, ground
par **terre** to/on the ground/floor
la **tête** head
tiède(s) lukewarm, tepid
tiens! here! take this! look!
le **timbre** (postage) stamp
timide shy
le **tiroir** drawer
le **titre** title
toi you
pas **toi?** don't you? aren't you?
à **toi** it's your turn
tolérant(e) understanding,
tolerant
le **tonnerre** thunder
tomber to fall
toujours always
faire un **tour** to go for a walk round
la ville **touristique** a tourist town
tout(e), tous, toutes all, every
tous les deux both
du **tout** at all
en train de in the act of
le **trajet** journey
tranquille quiet, peaceful
le **travail** work
travailler to work
la **traversée** crossing
très very
le **trimestre** (school) term
triste sad
trop (de) too (much, many)
le **trou** hole
où se **trouve ... ?** where is ... ?
trouver to find, to think
tu you

unique only, unique
usagé(e)(s) second-hand
utile(s) useful
utiliser to use

va goes
ça te va bien that suits you
ça ne va pas avec ...
that doesn't match ...
Qu'est-ce qui ne va pas What's wrong?
les **vacances** holiday(s)
les **vacanciers** holidaymakers
la **vache** cow
vachement really (slang)
je **vais** I am going
la **vaisselle** washing up
la **valise** suitcase
les **variétés** TV variety show
tu vas you are going
j'ai vécu I lived

le **vélo** bicycle
ce qu'on **veut** what you want
vendre to sell
venir to come
le **ventre** stomach
la **vérité** truth
tu verras you'll see
vers towards, near, about
le **vers** line (of a song, poem)
vert(e)(s) green
les **vêtements** clothes
la **vie** life
elle **vient d'arriver** she has just arrived
vieux, vieille(s) old
la **ville** town
vite quickly
la **vitesse limitée** speed restriction
vivre to live
voici here is
voilà there
en **voilà un** here's one
la **voile** sailing
voir to see
la **voiture** car
le **vol** flight
volontiers gladly
vomir to vomit, be sick
vont go
je **voudrais** I would like
vous you
le **voyage** journey, trip
voyager to travel
vrai true, correct
à **vrai dire** to be honest
vraiment really
j'ai vu I saw/have seen
la **vue** view

y there
il **y a** there is/are
il **y a deux mois** two months ago
les **yeux** eyes

la **zone piétonne** pedestrian precinct
le jardin **zoologique** zoo
zut! damn!

Vocabulaire anglais — français

A

about environ
abroad à l'étranger
according to selon
headache mal à la tête
address une adresse
advert une annonce
tv adverts la publicité
after après
two months ago il y a deux mois
all tout(e), tous, toutes
already déjà
also aussi
always toujours
I am je suis
American football le football américain
and et
annoying embêtant(e)(s)
answer la réponse
to answer répondre
arm le bras
armchair le fauteuil
I arrived je suis arrivé(e)
at à
at/to the doctor's chez le médecin
at all du tout
at last, finally enfin
at my house, in my home chez moi
attic room la mansarde
of average size de taille moyenne
a few metres away à quelques mètres
awful affreux, affreuse(s), pénible(s)

B

back le dos
bad mauvais(e)(s)
badge le macaron, le pin's
badly mal
bag le sac
balcony le balcon
ballet le ballet
basketball le basket
bathroom la salle de bains
to be être
there would be il y aurait
beach la plage
beautiful beau(x), belle(s)
bed le lit
bedroom la chambre
before (leaving) avant de (partir)
at the beginning au début
behind derrière
I believe/think je crois
besides that en plus
better mieux
I was feeling better ça allait mieux
between entre
bicycle le vélo

big grand(e)(s)
bigger than plus grand que
bike ride la randonnée à vélo
bin la poubelle
black noir(e)(s)
block of flats un immeuble
blonde blond(e)(s)
blue bleu(e)(s)
boat le bateau
book le livre
boring ennuyeux, ennuyeuse(s)
I was born je suis né(e)
both tous/toutes les deux
(coffee) bowl le bol (à café)
box of chocolates la boîte de chocolats
boy un garçon
bra le soutien-gorge
bracelet le bracelet
break-time la récréation
breakfast le petit déjeuner
bridge le pont, le bridge
brilliant génial(e)
I broke my leg je me suis cassé la jambe
broken cassé(e)(s)
brown marron
but mais
by par

C

camera un appareil (-photo)
can you ... ? peux-tu ...?
by car en voiture
card la carte
car park le parking
cartoon le dessin animé
to celebrate faire la fête
cellar la cave
chest of drawers la commode
I've chosen j'ai choisi
clean propre
close by tout près
club le club
by coach en car
coins la monnaie
cold froid(e)(s)
I've got a cold je suis enrhumé(e)
comics les BD (bandes dessinées)
computer un ordinateur
congratulations félicitations
to cook faire la cuisine
correct juste
I couldn't je n' ai pas pu
deep in the countryside en pleine campagne
I cut my finger je me suis coupé le doigt

D

damn! zut!
dangerous dangereux, dangereuse(s)

day le jour
dear cher(s), chère(s)
desk le bureau
diarrohea la diarrhée
dining room la salle à manger
dirty sale(s)
to do faire
I'm doing my homework je fais mes devoirs
doctor le médecin
door/departure gate la porte
dress la robe
to drink boire

E

ear une oreille
east est
easy facile
to eat manger
either .. or soit .. soit, ou .. ou
embarrassing gênant(e)
enclose a photo joignez une photo
at the end of au bout de
enough assez (de)
it's enough il suffit
I've had enough of this j'en ai assez/marre
entertainment les distractions
especially surtout
estate le lotissement
even même
in the evening le soir
even so quand même
everywhere partout
exactly exactement
eye un oeil
eyes les yeux

F

I've got fair hair j'ai les cheveux blonds
to fall tomber
Do you fancy that? Ça te dit?
far loin
not far from non loin de
farm la ferme
to feel sentir
I don't feel well je ne me sens pas bien
to find trouver
first premier(s), première(s)
first name le prénom
at first d'abord
fishing la pêche
a flat un appartement
flight le vol
on the 1st floor au premier étage
flu la grippe
foot le pied
for pour
forest la forêt
to forget oublier

a fortnight quinze jours
in front of devant
French français(e)(s)
friend le copain, la copine, un(e) ami(e)
full plein(e)(s)
fun marrant(e)(s)
funny drôle(s), rigolo(s)

G

game show le jeu télévisé
garage le garage
garden le jardin
departure gate la porte
to get up se lever
I get up at 7 o clock Je me lève à sept heures
girl une fille
What are you giving him/her? Qu'est-ce que tu lui offres?
gladly volontiers
glasses des lunettes
to go aller
I'm going into town je vais en ville
you (are) go(ing) tu vas
he/she goes il/elle va
I used to go j'allais
good bon(ne)(s)
I'm good at maths je suis fort(e) en maths
to go out sortir
I got on well with je m'entendais bien avec ...
I got the train j'ai pris le train
great! extra!
green vert(e)(s)
grey gris(e)(s)
ground la terre
on the ground floor au rez-de-chaussée
to/on the ground/floor par terre
group le groupe
gymnastics la gymnastique

H

I had j'ai eu, j'avais
half past (one) (une heure) et demie
hair les cheveux
hallway une entrée
hand la main
happy content(e)(s)
I hate je déteste
to have avoir
it would have il/elle aurait
you have to il faut
he (is called Jean) il (s'appelle Jean)
head la tête
I've got a headache j'ai mal à la tête
health la santé
hello salut, bonjour
to help aider

to give a helping hand donner un coup de main
here, look! tiens!
hers son, sa, ses
Hi! salut!
to hire louer
his, son, sa, ses
history l'histoire
hobby le passe-temps
holiday(s) les vacances
at home à la maison, chez moi
homework les devoirs
to be honest à vrai dire
to hoover passer l'aspirateur
to go horseriding monter à cheval, faire de l'équitation
it's hot il fait chaud
house la maison
how much/many? combien?
Are you hungry? Tu as faim?
to hurry se dépêcher
hurry up! dépêche-toi!
my arm hurts j'ai mal au bras

I

I je/j'
ice hockey le hockey sur glace
ice rink la patinoire
idea une idée
no idea aucune idée
ideal idéal(e)
if si
ill malade
illness une maladie
immediately tout de suite
in dans
interesting intéressante(e)(s)
it is/this is/that is c'est
island une île

J

jeans le jean
you're joking! tu rigoles!
journey le trajet, le voyage
Have a good journey back! Bon retour!
just juste
has just arrived vient d'arriver

K

to do karate faire du karaté
keyring le porte-clefs
kitchen la cuisine
knee le genou
knickers, underpants le slip
to know (facts, information) savoir
to know (people, places) connaître
Do you know Anne? Tu connais Anne?
I don't know je ne sais pas

L

lamp la lampe
last, latest dernier(s), dernière(s)
late en retard, tard
to laugh rire
to lay the table mettre la table
to leave laisser, quitter, partir
I leave home early je quitte la maison de bonne heure
I left je suis parti(e)
I left ... lying around j'ai laissé traîner...
on the left à gauche
leg la jambe
I've got lessons j'ai cours
life la vie
like that comme ça
to like aimer
I like j'aime
I would like j'aimerais
What's it like? C'est comment?
line la ligne
to listen to écouter
little petit(e)(s)
little by little peu à peu
to live habiter, vivre
I live in a village j'habite un village
I lived j'ai vécu
living room le séjour, le salon
loads of activities plein d'activités
long long(ue)(s)
a lot of beaucoup de, énormément de
lots of people beaucoup de monde

M

to make faire
map la carte
market le marché
marvellous merveilleux
that doesn't match cela ne va pas avec
it doesn't matter ce n'est pas grave
What's the matter with you? Qu'est-ce que tu as?
What does ... mean? Que veut dire ... ?
meeting le rendez-vous
to be a member of faire partie de
don't mention it je t'en prie
by metro en métro
midday midi
midnight minuit
mine le mien, la mienne, les miens, les miennes
minus moins
model la maquette
modern dance la danse moderne
moment le moment, un instant
for the moment pour l'instant

in the month of au mois de
more than 500 francs plus de 500 francs
more ... than plus ... que
morning le matin
most la plupart
by motorbike en moto
mountain la montagne
how much? how many? combien?
not (that) much pas tellement
museum le musée
music la musique
You must be tired Tu dois être fatigué(e)
my mon, ma, mes

N

my name is je m'appelle
near to près de
nearly presque
it is necessary il faut
I need j'ai besoin (de)
neither ... nor ne ... ni ... ni
never ne ... jamais
new nouveau(x), nouvelle(s)
(TV) news les actualités
next prochain(e)(s)
nice chouette, gentil(le)(s), sympa
night la nuit
no non
nobody special personne de spécial
no good nul(le)(s)
no more, no longer ne ... plus
no-one personne
noisy bruyant(e)(s)
north nord
nose le nez
not ne ... pas
nothing (ne ...) rien
now maintenant
number le numéro

O

at 3 o'clock à trois heures
of de
of course bien sûr
often souvent
old vieux, vieille(s)
on sur
only seulement, ne ... que
in my opinion à mon avis
opposite en face
or ou
other autre(s)
in other words c'est-à-dire
you ought to tu devrais
our notre, nos
outside dehors

P

to paint faire de la peinture
party la boum
pardon? comment?
pedestriam precinct la zone piétonne
penfriend un(e) correspondant(e)
perhaps peut-être
to pick up ramasser
picture une image
pink rose(s)
by plane en avion
platform le quai
to play football jouer au football
to play the guitar jouer de la guitare
to play the piano jouer du piano
to play the violin jouer du violon
please s.v.p. (s'il vous plaît)
pleasure park un parc d'attractions
to polish cirer
polluted pollué(e)(s)
poster une affiche
present le cadeau
pretty joli(e)(s)
promised promis(e)(s)
purse le porte-monnaie
to put, place, ask poser
to put away ranger
to put (on) mettre

Q

quarter past (the hour) et quart
quarter to (the hour) moins le quart
quick rapide(s)
quiet tranquille, calme

R

railway station la gare
it's raining il pleut
reading la lecture
to read lire
to receive recevoir
ready prêt(e)(s)
really vraiment
in red en rouge
red (haired) roux, rousse(s)
to rehearse répéter
relaxed décontracté(e)(s)
to remember se rappeler
result le résultat
to be right avoir raison
on the right à droite
river la rivière
main road la route
road (in town) la rue
roller skates les patins à roulettes
room la salle
bed room la chambre
roundabout le rond-point

S

sad triste
sailing la voile
same même
I saw/have seen j'ai vu
to be scared avoir peur
I'm scared of the teacher le prof me fait peur
scarf une écharpe
scouts les scouts
sea la mer
at the seaside au bord de la mer
to see voir
you'll see tu verras
to set the table mettre la table
what a shame dommage
shampoo le shampooing
shop le magasin
short court(e)(s)
to show montrer
I'll show you je te ferai voir
shy timide
I feel sick j'ai mal au cœur
single/alone seul(e)(s)
to be situated se situer
situated/located situé(e)(s)
sitting room le salon
skateboarding faire du skateboard
skirt la jupe
to sleep dormir
slowly lentement
small petit(e)(s)
(tv) soap le feuilleton
sofa le canapé
soft toy la peluche
someone else quelqu'un d'autre
something quelque chose
somewhere or other quelque part
soon bientôt
sorry désolé(e)(s)
south le sud
south-east le sud-est
south-west le sud-ouest
how do you spell that? cela s' écrit comment?
We spent 2 days in Paris On a passé 2 jours à Paris
sport le sport
sporting/athletic sportif(s), sportive(s)
sports shirt le maillot
postage stamp le timbre
standing (up) debout
I can't stand it! Je ne peux pas le supporter!
I can't stand that j'ai horreur de ça
station la gare
stay/holiday le séjour
sticker un autocollant
to sting piquer
stomach le ventre
go straight on allez tout droit
street la rue
striped rayé(e)(s)

strong fort(e)(s)
school subject la matière
suggestion la proposition
suitcase la valise
that suits you ça te va bien
in summer en été
sun le soleil
sunburn/sunstroke
un coup de soleil
suncream le lait solaire
sunglasses les lunettes de soleil
sure sûr(e)(s)
survey un sondage
to sweep balayer
swimming la natation
swimming pool la piscine
swimsuit, trunks le maillot
de bain

T

table tennis le ping-pong
to take the rubbish out sortir
la poubelle
tall grand(e)(s)
teacher le prof(esseur)
team une équipe
on the telephone au téléphone
television programme
une émission de télévision
school term le trimestre
test une interro(gation)
that ça
their leur(s)
then puis
there is/are il y a
there là, y
there were il y avait
therefore donc
to think penser
I think it's great je trouve que
c'est super
third troisième
Are you thirsty? Tu as soif?
this, that, these/those
ce(t), cette, ces
thousand mille
throat la gorge
tie la cravate
What time is it? Quelle heure est-il?
all of the time tout le temps
from time to time de temps en temps
school timetable un emploi du temps
tired fatigué(e)(s)
tiring fatigant
to à
today aujourd'hui
together ensemble
toilet les WC
tomorrow demain
too (much, many) trop (de)
I took the train j'ai pris le train

the journey took 3 hours
le voyage a duré 3 heures
toothache mal aux dents
towards vers
towel la serviette
town la ville
town centre le centre-ville
tracksuit le jogging
traffic sign le panneau
trainers les baskets
trampolining faire du trampoline
to travel voyager
trousers le pantalon
true vrai(e)(s)
truth la vérité
turn left tournez à gauche
it's your turn c'est à toi
twice a week deux fois par
semaine

U

umbrella le parapluie
under sous
underground (railway)
le métro
to understand comprendre
Have you understood? Tu as compris?
unfortunately
malheureusement
to use utiliser
absolutely useless absolument nul

V

very très
view une vue
village un village
to visit someone rendre visite à

W

to go for a walk faire un tour
wallet le portefeuille
I want to sleep j'ai envie de
dormir
Do you want to come? Tu veux venir?
wardrobe une armoire
warm, hot chaud
I was j'étais
I was ill j'ai été malade
to wash (se) laver
washing la lessive
washing up la vaisselle
wasp la guêpe
on the way en route
we, us nous
we are nous sommes
to wear, to carry porter
weather le temps
the weather's bad il fait mauvais
week la semaine

well done bravo
get well soon remets-toi bien
I went je suis allé(e)
what! quoi!
What? pardon? comment?
What does that mean?
Qu 'est-ce que cela veut dire?
when? quand?
where is ...? où se trouve ...?
where? ù?
which? what? quel(le)(s)?
which one? lequel? laquelle?
white blanc(he)(s)
who? qui?
why? pourquoi?
wide large(s)
he/she/it will be il/elle/sera
without sans
to work travailler
world le monde
don't worry about it
ne t'inquiète pas
he/she/it would be il/elle/serait
they would be ils/elles/seraient
to write écrire
How do you write that? Ça s' écrit
comment?
wrong faux
What's wrong? Qu' est-ce qui
ne va pas?

Y

I'm in year 8 (second year of
secondary/higher)
je suis en cinquième
I'm 13 years old J' ai treize ans
yellow jaune(s)
yes oui
yes (after someone has
said no) si
yesterday hier
you tu, vous
to you te, t' ,vous
don't you? pas toi?
young jeune
yours/regards (in a letter)
amitiés
yours/your friend
amicalement

Z

zoo le zoo
zoopark le jardin zoologique